A Casa da Esperança

Aloysio Graça | pelo espírito Álvaro

A Casa da Esperança

2ª edição

A CASA DA ESPERANÇA
Copyright© Novo Ser Editora

Editor: *Cláudio Luiz Brandão José*
Capa e diagramação: *Rogério Mota*
Revisão: *Maria Flavia dos Reis Amambahy*
Aline Nunes de Moraes
2ª edição: *2014*
Impresso no Brasil: *Printed in Brazil*

Rua Divisória, 10 – sala 307 – Bento Ribeiro
CEP 21331-250 – Rio de Janeiro – RJ
Tel.: 21 3017-2333 e 2146-0514

www.novosereditora.com.br

Todos os direitos de reprodução, cópia, comunicação ao público e exploração econômica desta obra estão reservados única e exclusivamente para a Novo Ser Editora. Proibida a reprodução parcial ou total da mesma, através de qualquer forma, meio ou processo eletrônico, digital, fotocópia, microfilme, Internet, CD-ROM, sem prévia e expressa autorização da Editora, nos termos da lei 9.610/98 que regulamenta os direitos de autor e conexos.

DADOS INTERNACIONAIS PARA CATALOGAÇÃO NA PUBLICAÇÃO (CIP)

G753c

Graça, Aloysio, 1940-
A casa da esperança / Aloysio Graça. – Rio de Janeiro : Novo Ser, 2014.

305p. ; 21cm.

ISBN 978-85-63964-65-6

1. Ficção espírita. I. Título.

CDD- B869.3

JOSÉ CARLOS DOS SANTOS MACEDO BIBLIOTECÁRIO – CRB7 N. 3575

SUMÁRIO

1º capítulo – A ASSEMBLEIA 7

2º capítulo – JULIANA 26

3º capítulo – OLAVO 105

4º capítulo – JOSUÉ 236

5º capítulo – AS ESFERAS FLUTUANTES 293

6º capítulo – REENCONTROS 300

1º capítulo

A Assembleia

A sala ampla e simples estava cheia, como sempre.

— Sejam bem-vindos, meus irmãos. Meu nome é Sérgio e sou um espírito em evolução, como todos aqui.

"Estou terminando a minha passagem por esta Casa, preparando-me para outra encarnação e, como é nossa norma, fui incumbido de transmitir a vocês as boas-vindas em nome dos orientadores da Casa da Esperança."

Fez uma pequena pausa antes de continuar.

— Tudo o que é aqui ensinado, nossas atitudes, nossa filosofia, baseiam-se em princípios que gostaria de comentar com vocês.

"Começamos por assumir que nós, como tudo o que existe, fomos criados com uma finalidade. Somos ao mesmo tempo criaturas e participantes da Criação, interferindo nas transformações incessantes que ocorrem por todo o Universo, mesmo que não saibamos disso. Promovemos transformações e sofremos as consequências disso, o que nos leva a avaliar nossos atos constantemente e a interferir novamente, mais à frente, buscando sempre o aperfeiçoamento. Posso garantir que, mesmo sem saber, estaremos, todos e tudo, fazendo isto constantemente: participando das modificações que fazemos em nós mesmos e no meio em que vivemos, a caminho do progresso.

"Acredito que vocês tenham entendido e até concordem com o que eu disse, mas nosso comportamento não demonstra que tenhamos captado a parte mais importante do que explicamos.

"Se fomos criados para cumprir uma finalidade, nosso papel é cumpri-la. Se não compreendemos bem o que o Criador espera de nós, nosso dever é procurar essa compreensão para então agirmos de acordo com a sua vontade. No entanto, o que é que nós fazemos? Pedimos! Em vez de nos preocuparmos em servir, ficamos pedindo o tempo todo. Que seja feita a nossa vontade! Quando estamos encarnados, então, nem se fala! Como se pedir demais não bastasse, chegamos a dar ao Pai uma lista de tarefas: que ele não permita que ninguém passe fome, que dê um pai a cada órfão, acabe com as guerras e toda a violência, mande seus missionários aos hospitais para curar todos os doentes e que ainda evite os desastres naturais!"

A maneira descontraída e simples com que Sérgio conduzia aquele encontro deixava todos à vontade. Às vezes riam, na assistência, quando eram feitos comentários como aquele.

— Pedimos a Deus que acabe com a fome do mundo, quando caberia a cada um de nós fazer o possível para transformar a si mesmo e à sociedade, para que a fome alheia e a necessidade do próximo incomodassem a cada um de nós como se fosse a nossa fome, a nossa necessidade. Só então mereceríamos viver num mundo sem fome.

"Pedimos a Deus que nos proteja da violência, esquecendo que esta é a violência da coletividade da qual fazemos parte. Esperamos que a polícia use de violência em nosso favor, combatendo os marginais e não sentimos nenhuma culpa quando matam um assaltante. Vocês podem argumentar que ele foi vítima de suas próprias ações, que vocês não o conheciam nem teriam a menor possibilidade de aconselhá-lo. Podem dizer que provavelmente ele não daria ouvidos aos seus conselhos. É possível. Mais que possível, é quase certo. Mas, assim mesmo, há uma coisa muito importante a considerar: a força do exemplo. Crianças que passam a infância vendo de um lado a miséria em que vivem os que trabalham honestamente e, do outro, a riqueza dos desonestos, estarão sujeitas a um apelo muito forte para escolherem o mau caminho, porque ele é mais fácil e, por isso, seguirem o mau exemplo. E é justamente aí que precisamos concentrar nossos esforços. Na divulgação de princípios suficientemente sólidos para que as pessoas pelo menos se questionem. Mas quero dizer a vocês, quero mesmo garantir, que nenhum conselho terá a força de um exemplo. Vou contar a vocês uma história real.

'Uma senhora vinha andando pela rua quando um homem arrancou o cordão de ouro que ela usava e saiu correndo. Quando ia subir à calçada, ele tropeçou no meio-fio e caiu, batendo a cabeça com força e quase desmaiando. A senhora se aproximou e percebeu que ele estava ferido, o sangue escorrendo de um talho no couro cabeludo. Ela então deu àquele homem um exemplo que ele nunca mais deverá ter esquecido. Olhou para ele, aflita, e perguntou: — Você se machucou, meu filho? — O assaltante já estava se recuperando e ficou olhando para aquela senhora sem compreender. Várias pessoas haviam se aproximado para ver o que tinha acontecido. Se ela o denunciasse, certamente ele seria preso ou linchado, mas ela mostrava claramente, com seu olhar aflito, que considerava o ferimento de seu semelhante bem mais importante que um colar de ouro. Ele então segurou sua mão, colocou nela o cordão que havia roubado, levantou-se e foi embora. Não disse uma só palavra, mas seu olhar agradecido e envergonhado dizia tudo.'

"Agora eu pergunto a vocês: será que nossa sociedade, com suas leis, suas instituições, poderia significar para aquele homem um apelo tão grande para que ele começasse a se questionar, a buscar novos princípios morais? Uma punição de acordo com a lei poderia ensinar mais a ele do que fez aquela senhora com seu exemplo? Acho que não. Além disso, um bom exemplo é como uma semente. Poderá dar frutos multiplicados em muitas árvores.

"Será que aquele homem continuou roubando, será que não contou a ninguém sua experiência ou que, se tinha filhos, não passou a educá-los de maneira diferente? Não sei, mas não importa. Aquela senhora cumpriu com o seu papel. Não deixou um bom exemplo apenas para o assaltante. Nós também estamos tirando proveito dele e aprendendo que nosso dever é agir segundo nossos princípios, não importando se a própria sociedade age de maneira diferente ou se alguém testemunha nossos atos. Essa senhora plantou, como era seu dever. A germinação da semente, o desenvolvimento da árvore e o aparecimento dos frutos estão entregues ao Jardineiro Perfeito que nos permite participar de sua obra. Vamos começar nos preocupando em fazer a nossa parte porque só quando nos modificamos é que começamos a contribuir para a modificação da sociedade.

"Na verdade, esse hábito que temos de pedir ao Pai sem que estejamos sequer pensando nas consequências dos nossos pedidos demonstra toda a nossa ignorância, não é mesmo? Se não, vamos ver. Pedimos a cura de todas as pessoas doentes a quem amamos, esquecendo que, num determinado momento, devemos morrer, concluindo nosso ciclo de vida na matéria e iniciando um outro como espíritos libertos. Pedimos que todos os nossos problemas sejam resolvidos, sem lembrar que são os nossos esforços em vencer as dificuldades que nos fazem progredir, amadurecer. Cada obstáculo superado faz de nós um ser mais independente e autossuficiente.

"Imaginem uma criança que, em vez de se empenhar em aprender a andar, prefere pedir à mãe que a carregue no colo, de um lado para o outro. Ou que peça para não ser vacinada, porque dói, ou ainda, que insista em continuar sendo amamentada porque é mais cômodo, deixando assim de preparar seu organismo para digerir alimentos sólidos, como fazem todos os adultos.

"Nós agimos assim com nossos pedidos. Temos nossa origem num Ser cuja perfeição vai infinitamente além de nossa compreensão, o que deveria ser o suficiente para incutir em cada um de nós a certeza do sucesso, a garantia de ter, em todos os momentos, a ajuda necessária para seguirmos nosso caminho da melhor maneira possível para sermos bem-sucedidos.

"O Perfeito não erra nunca e só o imperfeito desperdiça suas obras. Nós, cada um de nós, somos parte da obra perfeita de nosso Pai. Repito que fomos criados para cumprir uma finalidade, desempenhar um papel. Cumprir com nossa tarefa é vencer e, posso garantir, venceremos.

"Mas será que, mesmo sabendo disso, vamos parar de pedir ajuda?

"A natureza é uma excelente professora! Está aí como um livro aberto, mostrando-nos, entre várias outras coisas, que somos dependentes uns dos outros. Então é porque o Pai quer assim. Faz-nos compreender, de mil formas diferentes, que devemos buscar em nossos corações os sentimentos que poderão aprimorar essa interdependência até transformá-la em sólidos laços afetivos. Quanto mais sólidos esses laços, maior o auxílio que prestaremos uns aos outros na superação dos obstáculos que encontraremos no caminho, fazendo com que possamos ter experiências de vida mais proveitosas.

"Vocês agora podem dizer: — Ele deve estar falando de outra humanidade! A que eu conheço é egoísta, desonesta, guerreia e mata seus semelhantes... — Mas eu falo sério. É só observar.

"Se o ser humano não tivesse se organizado socialmente, quando vivesse na matéria estaria na mesma situação dos outros animais, ou, pior ainda, porque não dispõe de armas naturais tão potentes quanto às das outras criaturas.

"A força da humanidade está em sua organização social e é importante observar que a célula principal de qualquer sociedade, aquela que originou as estruturas sociais mais complexas, é justamente a que se fundamenta em laços afetivos mais fortes: a família.

"Quanto mais coesa a sociedade, no que se refere a laços afetivos verdadeiros, mais forte ela é. E isso por uma razão bem simples. Quanto mais afeto existir, mais se irá compartilhar. Não só o abrigo, o alimento e o próprio afeto, mas também os princípios morais, filosóficos, o saber e a atenção constante. Um pai ou um irmão devotado não espera o pedido de socorro daquele que às vezes nem consegue perceber que está precisando de ajuda. O amor, quase sempre, faz com que estejamos atentos e interessados em acompanhar a situação de nossos entes queridos e prontos para intervir quando necessário.

"Prestem bem atenção! Chegará o momento em que estaremos prontos a intervir e prestar ajuda aos que se acham nossos inimigos, por não os considerarmos como tal, mas sim como nossos irmãos. Foi isso que Jesus nos ensinou, que o amor é o caminho e que a caridade é a salvação para as nossas sociedades, todas elas!

"Será então que agora vou me desdizer, aconselhar a todos que peçam socorro?"

Sérgio sorriu.

— Só um pouquinho...

"Precisamos uns dos outros. Então vamos pedir ao irmão que está ao nosso lado, ou vamos estar prontos a ajudá-lo, estando ele a nos pedir ou tão logo tenhamos percebido que ele necessita de nós. Vamos pedir aos Espíritos de Luz... *Porque é por meio do auxílio que prestamos uns aos outros que o Pai atende às nossas preces.*"

Agora a assistência estava no mais completo silêncio.

— Quando entrei nesta Casa pela primeira vez e escutei, com outras palavras, o que acabei de falar, também fiquei em silêncio, impressionado. Enfim eu compreendia claramente o que as mais variadas doutrinas diziam a respeito da importância da caridade, da fé — ou da confiança, se preferirem — e da nossa determinação. Foi quando entendi e aceitei os princípios da Casa da Esperança, que agora estou passando para vocês.

Apontou então para uma tela, que se iluminou. Estava escrito:

1 – Preocupemo-nos em servir, antes de pedir.

2 – Procuremos a superação de nossos problemas com os próprios esforços, buscando aprender sempre.

3 – Estejamos sempre prontos para auxiliar o próximo, a ajudá-lo em seu progresso. Sejamos disponíveis para dar e humildes para receber.

4 – Não relutemos nunca em admitir os próprios erros.

— Vocês vão ver que, quando planejamos uma nova encarnação, pedimos para enfrentar os obstáculos e as dificuldades que nos permitirão progredir nos aspectos que falhamos em nossas vidas anteriores. Isso irá significar, muitas vezes, passar por angústias, sofrimentos e, em alguns momentos, nosso impulso será pedir ao Pai que afaste de nós o cálice amargo.

"Agora vejam bem! Dissemos que o aprendizado maior está em buscar a superação dos problemas, está em vencer os obstáculos. Não em aceitar sem luta a derrota, em nos entregarmos. Se não nos fosse possível superar os obstáculos que encontramos em nosso caminho, de que eles nos valeriam? O que poderiam nos ensinar? Se um professor propõe a um aluno um problema que esteja além de suas possibilidades resolver, quem terá falhado? O aluno ou o mestre?

"Infelizmente as religiões, quando colocadas a serviço dos poderosos, ensinam-nos a resignação, condicionam-nos a aceitar passivamente o sofrimento e a situação social em que nos encontramos, quando deveriam permanecer fiéis à mensagem do Pai que é de esperança e de persistência, embora nunca seja de revolta. A felicidade é oferecida a nós como prêmio pelos esforços na superação das nossas dificuldades e obstáculos. Devemos querê-la sempre e esforçar-nos para conquistá-la, porque ela está ao nosso alcance.

"Vou ser repetitivo. Podemos estar confiantes porque os obstáculos foram colocados em nosso caminho para serem superados. Não começamos uma nova vida para sermos derrotados. Recomeçamos para vencer, um degrau de cada vez, agora ou mais tarde, mas sempre para vencer."

Agora Sérgio sorria.

— Foi a partir desse momento que eu compreendi porque chamaram esta instituição de *A Casa da Esperança.*

A tela se apagou e ele continuou:

— Trabalhamos aqui ajudando-nos reciprocamente a planejar uma nova vida encarnada mais proveitosa, ao mesmo tempo em que procuramos nos transformar pela aceitação dos princípios filosóficos que defendemos. Começamos por um ato de humildade. Declaramos, em assembleia, nosso nome e a nossa condição de espírito em evolução. Contamos a história de nossa vida anterior — ou vidas anteriores, se for o caso — e discutimos as questões filosóficas que possam surgir. A palavra poderá ser usada por todos, mas devemos ter a preocupação de não transformar essa mesa num palco para alimentar nossa vaidade.

As pessoas agora conversavam inquietas, em voz baixa.

"É normal", pensou Sérgio. "A ideia de falar em público dos próprios erros sempre assusta, pelo menos no início."

— Agora vou me despedir de vocês. Muita coisa foi dita aqui e teremos uma próxima reunião muito mais proveitosa se meditarmos bem, se pensarmos bastante sobre a filosofia que defendemos.

"O Pai os acompanha sempre, porque está em cada um de vocês. Paz."

Sérgio estava no jardim, o pensamento longe e os olhos voltados para as águas tranquilas do pequeno lago.

— Você foi muito bem na sua primeira experiência como orientador.

A voz do amigo o surpreendeu, e ele sorriu.

— Não fiz nada de mais, Álvaro. Limitei-me a repetir o que já tinha escutado antes, talvez com outras palavras, mas com o mesmo conteúdo. Pelo menos espero que tenha sido assim.

— Estou valorizando justamente o fato de você ter mantido esse conteúdo. Significa que os princípios da Casa da Esperança agora são também seus princípios. Você os absorveu.

Ficaram algum tempo em silêncio. Na verdade Álvaro esperava. Tinha percebido que Sérgio estava inquieto, sabia que ele deveria estar precisando de uma palavra amiga, mas respeitava seu silêncio.

— Estou com um pouco de medo, Álvaro — disse finalmente. — Não consigo lembrar como é encarnar. Lembro bem quando desencarnei e que também tive medo, ainda que sem a menor razão, mas não consigo lembrar como é voltar à matéria.

— A última etapa de preparação vai te esclarecer bastante. Também não há razão para ter medo.

— Mas a sensação de liberdade que eu senti quando desencarnei me deixou encantado. Não havia mais o peso e as dores do corpo doente, minha visão e todos os outros sentidos eram infinitamente mais acurados se comparados aos da vida material, a simples ideia de me sentir outra vez tão limitado me assusta.

Álvaro sorriu.

— Está aí uma boa razão para não nos lembrarmos da vida espiritual quando voltamos à matéria e vou dizer uma coisa muito importante para que você tenha muito tempo de pensar nisso até chegar sua hora. Nós nos lamentamos muito pelo que perdemos, mas aprendemos a nos adaptar com facilidade àquilo de que dispomos. Se você recomeçasse a vida lembrando como se sentia como espírito liberto, realmente iria sofrer. Não lembrando, irá se adaptar facilmente, principalmente porque terá todo o período de gestação para ser preparado.

— E nesse período, como é que a gente se sente?

— Como se estivéssemos desencarnando por velhice. Uma sonolência cada vez maior, cada vez os sonhos se tornando mais nítidos, a ponto de superarem a realidade em nossa mente, até que chega o estágio em que se entra num sono profundo, quando percebemos, ao longe, o som de algumas vozes. Embora não possamos compreender o que elas dizem, sentimos o afeto que nos transmitem. É, talvez, a fase encarnada em que a telepatia se manifesta com maior força.

— E esses sonhos, de onde vêm?

— É ainda muito semelhante ao que ocorre quando vamos desencarnar por velhice, ou em consequência de uma doença prolongada que nos debilite gradativamente. Estamos para "mudar de casa", criamos laços vibratórios com os planos para onde vamos e passamos a transferir para lá a energia de nosso perispírito, cada vez com maior intensidade. Muitas vezes essa comunicação nos traz imagens que nos parecem um sonho. É assim o período que antecede o nascimento. Depois vem uma sensação passageira de dor e opressão no momento de nascer e uma luz muito forte ofusca nossa visão. É quando tudo recomeça, sem lembranças, sem nada a lamentar e tudo a descobrir.

Sérgio sorriu para o amigo.

— Obrigado, Álvaro. Estou bem mais tranquilo, embora ainda um pouco assustado. Só que agora eu nem sei dizer por quê.

— Porque nossa falta de fé nos faz reagir sempre às mudanças quando temos o desconhecido pela frente. Não é verdade?

— Tem razão, meu amigo. Mais uma vez obrigado.

— Não seja por isso. Agora é melhor nos recolhermos. Precisamos meditar para estarmos preparados para a próxima reunião.

— Vou precisar me acostumar a dormir e a repousar muito, daqui a pouco. O corpo físico nos faz mais exigências que o espiritual.

Dessa vez Sérgio começou a reunião com uma oração.

"— Pai, aqui estamos. Não para pedir, mas apenas para assumirmos nossa condição de instrumentos de tua vontade. Queremos harmonizar nossas vibrações por meio desta prece para que nos seja mais fácil receber a orientação e o auxílio dos irmãos iluminados que nunca nos faltaram.

"Mesmo confiantes nesse auxílio, sabemos ter a responsabilidade de nos preparar, de fazer por merecer recebê-lo.

"Devemos compreender que é grande a responsabilidade que assumimos, planejando nossas próximas vidas na matéria, mas estamos confiantes porque sabemos que o Pai não espera de nós mais do que podemos dar e que, por isso, nossa responsabilidade está em fazermos o que estiver ao nosso alcance, buscando em nossa determinação e no auxílio dos irmãos maiores a força de que necessitaremos para vencer os obstáculos que teremos pela frente.

"Agora, façamos um momento de silêncio, pensando no Pai, não como um ser distante, mas como o Tudo que nos envolve e de que fazemos parte."

Aos poucos uma névoa luminosa foi tomando a forma de um tênue e grande véu, cobrindo os participantes, fazendo-os experimentar uma indescritível sensação de paz e harmonia.

Depois de algum tempo a sala foi ficando mais clara, a névoa se dissipou e a tela voltou a exibir os quatro princípios daquela casa.

— Estão abertos os nossos trabalhos. Alguém gostaria de vir prestar seu depoimento?

Os assistentes olharam à sua volta, para ver se alguém se apresentava, mas ninguém se manifestou.

— E dúvidas? — perguntou Sérgio. — Alguém gostaria de fazer uma pergunta, de questionar alguma coisa que tenhamos visto na reunião passada?

— Eu gostaria de fazer uma pergunta — disse uma voz vinda do meio da assistência.

— Esteja à vontade, meu irmão, mas, por favor, se apresente.

— Meu nome é Josué e sou um espírito em evolução. Queria dizer que fiquei surpreendido quando você falou, na vez passada, que não deveríamos orar.

— Eu acho que você não entendeu bem, Josué. Falamos sobre a regra de procedimento que diz: "Servir, antes de pedir." Mas é compreensível o seu engano. Já associamos de tal forma orar e pedir que confundimos as duas coisas como se fossem uma só.

— Então, por que não começamos a reunião passada com uma prece, como fizemos hoje? — perguntou Josué.

— Por duas razões. A primeira, para darmos um cunho de informalidade ao nosso primeiro encontro. Como queríamos fazer um apelo ao racional, ao bom-senso de cada assistente, preferimos que não pesasse em suas conclusões nenhuma ideia preconcebida de religião, uma precaução que se justifica pelo triste hábito que temos de não contestá-las. Em segundo lugar, pelo próprio conceito que temos de prece, aqui, na Casa da Esperança. Nossa prece está em nossa atitude interior e não nas palavras que dizemos. Ainda assim, a oração compartilhada unifica e harmoniza nossa vibração, como pudemos ver aqui na reunião de hoje. Mas eu garanto que, daqui para frente, começaremos todas elas com uma prece e iremos terminar da mesma forma, agradecendo ao Pai.

— Também tenho uma pergunta — disse uma voz feminina, mais ao fundo.

— Você já terminou, Josué? — perguntou Sérgio.

— Sim, meu irmão — respondeu ele com um sorriso.

— Pode se apresentar, minha irmã.

— Meu nome é Francisca e sou um espírito em evolução. Queria dizer que fiquei confusa com o que foi falado sobre pedir.

— Não é propriamente o ato de pedir que criticamos. É a falta de sabedoria que em geral demonstramos quando pedimos. Vou dar um exemplo, contando uma passagem de minha última encarnação:

"Meu pai estava muito idoso, doente e quase senil, no processo gradativo de desligamento da matéria. Pois bem! Todo dia eu rezava, pedindo a Deus que não o levasse.

"Agora vejam a incoerência do meu pedido! Se eu pedia a Deus, é que acreditava em sua existência, nos ensinamentos que seus filhos iluminados nos transmitiram, como a imortalidade da alma ou do espírito, como queiram chamar.

"Meu pai tinha sido sempre um homem bom e demonstrava estar em paz com sua consciência. A vida espiritual só poderia significar para ele um alívio, uma libertação.

"Graças a Deus minhas preces não foram atendidas e ele desencarnou na hora certa. Talvez seja por isso que dizem: 'Há mais lágrimas derramadas por termos sido atendidos em nossas preces do que pelas vezes em que não fomos escutados.' E prestem atenção: seguramente fomos escutados e não fomos atendidos pela impropriedade do pedido."

Depois continuou:

— Mas olhe, Francisca, acho importante destacar uma situação em que devemos pedir sempre. É quando estamos aflitos porque fizemos todos os esforços para resolver nossos problemas e chegamos àquele momento em que gostaríamos de saber o que mais poderíamos fazer, mas não vemos saída. Aí o pedido é válido e, em geral, é atendido, com o auxílio da Espiritualidade Superior. Mas é importante dizer que devemos nos tranquilizar primeiro, antes de pedir. Precisamos buscar, com nossa prece, a sintonia com a espiritualidade mais alta. O desespero prejudica a qualidade de nossa vibração e nossa aflição não irá nos ajudar em nada. Também é importante dizer que nem sempre a ajuda vem como esperamos. Se sofremos é porque estamos nos confrontando com as consequências de nossas atitudes. Como alguns dizem, "pagando uma dívida" ou aprendendo uma coisa importante. Prometo que voltaremos muitas vezes a falar sobre esse assunto. Não há sofrimento sem finalidade.

Mas também poderemos estar confiantes de que a ajuda sempre virá, desde que não prejudique nossa evolução.

— Eu também queria falar — disse alguém.

— Pode se apresentar.

— Meu nome é Olavo e sou um espírito em evolução. Acho que muitas pessoas aqui estão pensando a mesma coisa, mas devo falar por mim mesmo. Para dizer a verdade, sei que falar dos meus enganos, dos meus erros e até das minhas loucuras... Vou mais longe: das minhas atitudes indefensáveis, iria me aliviar muito, mas a minha vergonha é maior. Acho que não teria forças para me expor, de enfrentar os olhares de crítica ou para suportar a repulsa que poderia despertar em todos. Acredito que esteja acontecendo a mesma coisa com nossos companheiros, mas vou esperar que alguém com mais coragem tome a iniciativa.

— Eu sei exatamente o que você quer dizer, meu irmão. Nas primeiras reuniões de que participei aqui, na Casa da Esperança, fiquei completamente mudo e até admito que gostaria de ter tido a mesma coragem, a mesma sinceridade que você demonstrou. É uma atitude que deve ser respeitada. Mas veja bem, a primeira coisa que fazemos, depois de dizer nosso nome, é admitir que somos espíritos em evolução, o que significa: em transformação para melhor. Assim sendo, é mais do que natural que nos envergonhemos de nossos erros passados. Não fosse assim, não estaríamos em evolução. Não se envergonhe, Olavo. A melhor atitude para o nosso progresso é olharmos de frente para os nossos erros e examiná--los cuidadosamente, nos detalhes. Só assim podemos perceber o que temos que modificar.

Sérgio olhou com simpatia para Olavo, que sorriu de volta com os olhos cheios d'água.

— Eu queria dar meu depoimento — disse uma voz de mulher. — Meu nome é Juliana, sou um espírito em evolução, mas talvez seja melhor vocês me chamarem de Maria Helena, meu nome na época em que começa a história que vou contar.

2º capítulo

Juliana

"Naquele tempo eu vivia na Europa, numa época marcada pelo aparecimento de grandes artistas e o espírito se manifestava, tanto na música como na pintura, literatura, enfim: era um momento histórico muito especial.

A corte começava a valorizar o intelecto e a burguesia a imitava, apadrinhando os novos valores que surgiam, desencadeando um crescimento intelectual sem precedentes. Era moda ser contestador e inteligentemente irreverente ou, pelo menos, aparentar sê-lo. Eu pertencia a essa última classe, não por falta de inteligência, mas por excesso de futilidade.

Depois que insisti muito, minha família havia contratado um pintor para me dar aulas. Era bem mais velho que eu, tinha muito talento e uma grande sabedoria. Eu só não conseguia entender por que ele não tinha alcançado o mesmo sucesso de seus colegas, bem menos dotados. Só muito mais tarde compreendi que era sua própria timidez que o prejudicava.

Naqueles anos de ousadia, algumas vezes era mais importante ser comentado ou até criticado pela maneira que se escolhia para chocar a sociedade do que ser um verdadeiro artista. Sim, era preciso chocá-la. Ou por meio da arte ou por adotar um comportamento irreverente. Era preciso chamar a atenção, fazer-se amante de alguém de prestígio ou embebedar-se e criticar os poderosos, sempre na medida certa. Não se poderia ofender de verdade, apenas fazer com que todos quisessem estar por perto para ver quando os atrevidos fossem sofrer as consequências de seus abusos. Esses eram os artistas chamados para frequentar os salões mais disputados, os que eram contratados para pintar retratos dos poderosos ou compor músicas para ocasiões especiais. Não era o caso de Osvaldo."

À medida que falava, a memória ia se avivando e Juliana revia em detalhes o que tinha acontecido há tanto tempo.

"— Não, Maria Helena! Veja a linha da boca. Agora compare com a dos olhos. Está claro que o olho direito está mais baixo!

— Ah! E que importa? Vários artistas deformam as figuras, até de propósito. E todo mundo gosta!

— Pelo amor de Deus, Maria Helena! Você mesma disse: 'Eles deformam de propósito.' Existe uma intenção artística nesse tipo de deformação, uma emoção a ser transmitida. Você acha que a arte, quer dizer, a arte verdadeira é fruto do acaso? Não! Não é! Enquanto você não puser isso na cabeça não irá a lugar nenhum!"

"Só depois de muito mais amadurecida é que me dei conta de como ele se modificava quando falava de arte, quando defendia seus princípios. Nesses momentos a timidez desaparecia por completo. Estava verdadeiramente indignado quando definiu o artista de uma forma que nunca mais esqueci:

— Responda para mim, Maria Helena. Você sabe o que é um verdadeiro artista? Pois eu digo! É aquele que, além de ter sensibilidade, consegue fazer com que sua arte apresente a menor diferença possível entre o que ele idealizou e o que conseguiu realizar. Quer ser pintora? Então a técnica tem que ser dominada para que você seja capaz de pintar exatamente aquilo que idealizar. Não o que acontecer por acaso! Sua arte pode surpreender a todos, menos a você mesma. Depois que conseguir admitir que esse olho está torto, que isso passe a te incomodar, que você queira consertar e que saiba fazer isso, aí poderá entortá-lo, se essa for a sua intenção. Agora, pegue o pano e limpe essa coisa horrorosa.

Atirei as tintas e os pincéis ao chão, sujando o precioso tapete da sala.

— Pegue você o pano e limpe essa coisa horrorosa do tapete! — gritei.

Osvaldo olhou para mim, muito sério. Não falou alto.

— Sua família tem criados para fazer esse tipo de trabalho. Eu sou um pintor, um artista. Não sou fantoche de meninas mimadas e grosseiras.

— É um pintor desempregado! Eu vou pedir a meu pai que ponha você no olho da rua!

— Não será necessário. Eu mesmo vou falar com ele e me demitir.

Arregalei os olhos surpresa. A raiva tinha desaparecido e eu não sabia o que dizer.

Eu era assim. Era capaz de usar uma pessoa e depois jogá-la fora, como um trapo velho, mas não admitia ser deixada de lado. Não aceitava ser rejeitada de modo nenhum. Então apanhei o pano com terebintina e o esfreguei na tela, removendo o olho do retrato, e disse com voz apagada: 'Desculpe, eu estava nervosa.'

Lembro-me de sua reação como se fosse hoje. Osvaldo olhou para mim e depois para o quadro. Esforçava-se para não rir.

— O que foi? — perguntei.

Osvaldo não conseguiu mais segurar o riso que explodiu numa gargalhada.

— Você apagou o olho errado!

Agora ríamos juntos e as lágrimas escorriam pelas nossas faces. Quando conseguimos parar, ainda enxugando os olhos, cheguei junto a ele, abracei-o apertado e beijei carinhosamente seu rosto.

— Você me desculpa? — perguntei.

No mesmo momento percebi a atração que exercia sobre ele. Sua reação não deixava dúvidas. Ele tinha perdido completamente a naturalidade e não conseguia olhar-me de frente.

— Claro. Está desculpada. Não se fala mais nisso.

Mas agora o meu instinto perverso tinha sido despertado. Disse a mim mesma que teria minha vingança pela humilhação de ter sido forçada a pedir desculpas, mas não era verdade. Eu costumava fazer joguinhos de sedução com meus pais e avós, conseguindo sempre o que queria, mas a ideia de dominar os homens usando meus atrativos de mulher, recém-descobertos, me fascinava. Tinha me dado conta de que dispunha de um poder muito maior agora, que já era moça feita.

— Sabe o que eu queria? — disse a ele com um sorriso sedutor. — Que você pintasse o meu retrato. Queria perceber melhor essa nuance de pinceladas mais espessas e pastosas com outras, delicadas e com menos tinta. Não é a mesma coisa que ver o quadro pronto. Quero ver o trabalho sendo feito... Você faz? Eu falo com papai e ele paga para você fazer o quadro. Olha, eu peço para ter mais aulas.

Osvaldo ainda pensava se deveria aceitar.

— Olha! — insisti. — A gente coloca um espelho para eu poder ver enquanto você pinta.

— Está bem. Mas e as aulas?

— A gente faz a pintura num outro dia. Que tal nas quartas-feiras?

Eu sabia que meu pai ficava quase todo o dia fora às quartas-feiras e nós usávamos uma de suas salas particulares para as minhas aulas. Ninguém vinha nunca nos perturbar.

Quando Osvaldo voltou, no dia marcado, eu usava um roupão sobre a minha camisa de dormir mais fina, praticamente transparente. Iria posar recostada no divã e o espelho estava colocado de tal modo que eu podia não só acompanhar seu trabalho como também observar sua reação, ver até que ponto conseguia perturbá-lo.

— Sabe como eu queria o retrato? Como aquela pintura que você comentou comigo, quando fomos ver os quadros na casa do Duque. Olha! Eu até deixei os cabelos soltos...

Fui até o sofá e deixei cair o roupão, recostando-me de modo que o decote se abrisse bastante e que minhas pernas ficassem expostas.

— Não sei se seu pai vai concordar com isso, Maria Helena.

— Não faz mal. A gente não mostra o retrato.

— Então para que fazer?

— Porque é importante uma mulher saber se é bonita, se consegue atrair os homens. Eu aposto que a pose está bonita. O que você acha?

Ajeitei-me melhor no sofá e o decote abriu mais ainda.

— Eu acho que seu decote está aberto demais.

— Vem até aqui e ajeita do modo que você achar melhor.

Enquanto ele ajeitava minha roupa eu olhava para ele, com um sorriso nos lábios. Sabia que ia conseguir o meu intento.

— Você me acha bonita?

Ele fez que sim com a cabeça.

— Pouco ou muito?

— Muito! Você é muito bonita.

— E meu colo, assim, não fica bonito?

Ele apenas balançou a cabeça, concordando.

— Então por que você não quer que ele apareça?

Ele estava visivelmente constrangido quando respondeu.

— Porque você é minha aluna, ainda é uma menina, mas tem a aparência de uma mulher e eu sou um homem, de carne e osso. Não sou imune à atração de uma mulher e essa situação me deixa pouco à vontade."

— Confesso a vocês, meus irmãos, que me envergonha muito falar disso, mostrar minha insensibilidade a uma atitude tão franca, tão verdadeira e, acima de tudo, humilde.

"— O que você disse? Como se atreve? Que abuso! Você é um atrevido! É claro que eu sou sua aluna. Como ousa falar-me desse jeito, como se eu fosse aceitar ser cortejada por um homem que nem tem nosso nível social e que, ainda por cima, é um velho? É essa a sua visão artística da beleza? Que artista é esse que não pode ver um modelo com pouca roupa? Artista! Não me faça rir!

Osvaldo não sabia o que dizer. Podia ter esperado tudo, menos aquilo. Apanhou seu paletó e saiu, ouvindo às suas costas meu riso debochado.

Muito tempo se passou até que eu visse Osvaldo novamente. De certa forma sentia-me vingada, embora não tivesse sido propriamente insultada por ele. É que, quando apaguei parte do retrato, me senti derrotada e eu não conseguia lidar com isso. Queria dominar sempre, manter o controle. Mas a experiência tinha me encantado, revelando o meu poder de sedução como mulher e eu queria ir adiante.

Pedi a meu pai que contratasse o professor de piano que dava aulas à minha prima. Há algum tempo ela me fez jurar segredo e contou que trocava as carícias mais ousadas com ele. Foi o suficiente para despertar minha curiosidade. As aulas começaram pouco tempo depois.

Chamava-se Maurício e era um homem lindo! Tudo nele me atraía e eu tinha dificuldades em parecer natural. Às vezes ele sorria para mim, dizendo sem palavras como era divertido demonstrar que percebia exatamente como me perturbava. De certa forma isso me assustava, porque eu sabia que não conseguiria controlá-lo como tinha feito com Osvaldo. Não conseguia me concentrar nas aulas e limitava-me a martelar maquinalmente as teclas do piano numa sequência interminável e monótona de escalas. Esperava a qualquer momento que ele ousasse alguma coisa. No começo com medo, mais tarde achando estranho, principalmente depois de ouvir tudo o que minha prima havia contado. Então passei a me perguntar, apreensiva: 'E se ele não se sente atraído por mim?'"

Juliana podia ver, em sua mente, a grande sala, com o piano de cauda, as cortinas pesadas de veludo e a figura elegante de Maurício, de pé, junto a ela, solfejando as notas que ela errava.

"Depois de muitas aulas havíamos passado a exercícios em que, a cada três notas tocadas com a mão direita, a esquerda tocava um acorde, e eu sentia dificuldade em coordenar os movimentos.

Depois de me corrigir várias vezes na passagem em que eu mais errava, Maurício segurou minha mão esquerda. Parei imediatamente de tocar, tensa, sentindo o coração bater mais forte.

— Continue! — disse ele, mantendo sua mão esquerda sobre a minha, fazendo com que a posição de nossos dedos coincidisse sobre as teclas. No momento certo pressionou minha mão, tocando o acorde. — Relaxe, por Deus do céu! Você está tensa... Dê o andamento de uma valsa, assim, lento. A cada três notas, um acorde. Deixe fluir, vá com o ritmo, assim, deixe-se levar. A música deve acariciar nossos ouvidos, nos embalar como a uma criança de colo.

Então beijou meu pescoço, junto à orelha esquerda. Sem sentir, deixei cair as mãos sobre o teclado e virei a cabeça para trás, para que ele pudesse beijar minha boca.

Foram muitos dias de carícias e noites sem dormir, o corpo tomado por uma excitação enorme e não satisfeita. Percebi que ele não queria me possuir, com receio das consequências. Eu também não queria, a princípio. Também tinha medo, mas com o passar do tempo vi que nosso desejo aumentava a cada encontro. Era maior do que qualquer apelo à razão e resolvi que seria sua de qualquer maneira.

Era uma quarta-feira e meu pai estava ausente, como sempre. Quando Maurício chegou, eu usava um longo vestido, quase sem decote. Quando começamos a nos acariciar, abri os botões e deixei cair a roupa. Estava nua à sua frente.

A partir desse dia tornamo-nos amantes e eu insisti em ter cada vez mais aulas na semana. Vivíamos um período de encantamento maravilhoso que terminou no mesmo instante em que disse a ele que estava grávida. Na minha fantasia ingênua eu estava certa de que ele iria falar com meu pai e que nos casaríamos.

— Você tem ideia do que está dizendo? Você não sabe, não desconfia como funciona esse mundo em que vivemos? Pois eu vou dizer como ele é. Você é burguesa, quase nobre, é até possível que seu pai já ande procurando alguém com um título de nobreza para casar com você, porque ele tem dinheiro para conseguir isso. E como já tem dinheiro, agora quer o prestígio. Eu, minha querida, sou a plebe, a ralé. Aposto o que você quiser que ele vai obrigar você a abortar essa criança e, assim que souber quem é o pai, vai mandar alguém me matar uma noite dessas, em qualquer beco escuro.

Maurício sumiu para sempre e eu fiquei desesperada. Não consegui ficar em silêncio e contei tudo para uma de nossas empregadas mais antigas. Foi o meu maior erro.

Antes de contar para a minha mãe, como seria até natural que fizesse, comentou com todos os empregados.

Poucos dias depois meu pai abriu a porta de meu quarto com violência, já trazendo nas mãos seu cinturão e começou a me espancar. Minha mãe chorava e tentava me proteger, ficando de pé entre nós. Quando ele se cansou, mandou que eu fizesse as malas e saísse para sempre daquela casa.

Foi um pesadelo esperar que levassem as malas para a porta da cozinha. Minha mãe não ousou vir se despedir de mim, para não piorar as coisas, mas pediu à costureira que trabalhava para nós que arranjasse acomodações para mim no mesmo lugar em que ela morava e deu-lhe o dinheiro necessário.

Já no portão, depois de uma espera que me pareceu enorme, fui colocada num coche e levada para uma espécie de estalagem, simples e com cômodos mínimos, cuja única virtude era a limpeza.

Dois dias depois, que eu nem saberia dizer como passaram, Dona Margarida, a costureira, levou-me para fazer o aborto.

Sofri dores horrorosas e uma humilhação maior ainda. Depois que voltei para a pensão não fazia outra coisa senão chorar o tempo todo e não saía do quarto. Estava cada vez mais magra e tanto a dona da pensão como a própria Margarida estavam preocupadas, vendo-me definhar daquele jeito.

A costureira era uma pessoa rude, mas muito afetiva. Com ela eu me sentia bem e tinha atenção. Conseguia desabafar e chorava no seu ombro amigo. Sem dúvida, com ela eu tinha muito mais afeto do que conheci em toda a minha vida ao lado de meus pais.

Depois de muita insistência das minhas protetoras, passei a descer à sala de refeições para me alimentar, mas todo aquele barulho, as gargalhadas escandalosas e a voz alcoolizada dos fregueses me incomodavam. Foi quando Margarida colocou à minha frente um copo de aguardente.

— Tome isto. Vai fazer você se sentir melhor.

O tempo passou, acostumei-me a beber com frequência e não estranhava mais todo aquele barulho. Depois de algumas explicações, também passei a ajudar a costureira nas tarefas mais simples para passar o tempo. Aquilo me ajudou muito e era alguma coisa que eu fazia com prazer, mas ela insistia em pagar pelos meus serviços. Embora dinheiro não fosse a minha maior preocupação naquele momento, receber pelo que eu fazia me fez bem. Foi como se eu me sentisse um pouquinho independente, autossuficiente. Talvez tenha sido por isso que comecei a ter prazer em descer e a conversar com as outras pessoas. Quando perguntavam o que eu fazia, respondia que era ajudante de costureira.

Uma noite, depois de tomar alguns cálices de aguardente e me sentir mais relaxada, vi que um rapaz jovem mostrava um desenho a um companheiro e me aproximei.

Tinha um traço agradável, leve, mas eu conseguia perceber vários erros típicos de uma fase que ele já poderia ter superado se pudesse contar com alguma orientação.

— Gosta? — perguntou ele quando percebeu minha presença ao seu lado.

— Gosto sim. Você tem um traço muito leve e agradável, mas posso apostar que nunca teve ninguém que o orientasse.

— Olha só, pessoal! Pelo jeito temos uma professora entre nós! Diga para mim, mestra, o que é que está errado?

— Para começar, a linha dos olhos. Olhe para mim e preste atenção. As linhas da boca e a dos olhos são paralelas, não é verdade? Então, todas as vezes que apareçam olhos e boca, a gente precisa prestar atenção nisso. É claro que a perspectiva precisa ser considerada, o que pode...

Os outros rapazes me interromperam, debochando, mas o desenhista fez com que se calassem.

— Esperem! Ela tem razão.

Era um desenho a creiom e ele tirou do bolso do paletó um bastão de carvão, que me ofereceu.

— Por favor, corrija para mim.

Apanhei um pedaço de pão, em cima da mesa, fiz uma bola com o miolo e apaguei um dos olhos e o limite superior dos cabelos. Depois fiz um traço muito leve, na boca, e outro paralelo, sobre os olhos. Então marquei o lugar certo, onde deveria ser desenhado novamente o olho que havia apagado. Depois voltei a atenção para os cabelos.

— Veja bem. A distância que vai da linha das sobrancelhas até o topo do crânio é muito semelhante à que vai da ponta do nariz até as sobrancelhas. Ficou faltando um pouco de testa ou de cabelos. Você decide. E... Bem... Aí está, meu amigo: arremate você, que seu traço é mais bonito que o meu.

Fiquei impressionada de ver como passei a me lembrar do professor Osvaldo a partir daquele dia. Era como se as coisas que ele tinha me ensinado voltassem à minha memória e fizessem sentido. Dias mais tarde, quando o rapaz me perguntou com quem eu havia estudado, respondi: 'Com o Professor Osvaldo.' Não o identifiquei apenas pelo nome, como costumava fazer. Coloquei também o título, sem sentir, como um sinal involuntário de respeito.

O rapaz chamava-se Pedro. Passei a encontrá-lo com mais frequência e ele sempre trazia seus trabalhos para que eu os avaliasse.

Era impressionante a rapidez com que ele progredia, aproveitando ao máximo o pouco que eu conseguia transmitir e ver como seu desenho ganhava mais qualidade a cada dia.

Uma noite ele perguntou se eu aceitaria posar para ele e meu primeiro impulso foi recusar. Depois pensei que deveria aproveitar a oportunidade de reviver minhas experiências mais desastrosas para ver se conseguia colecionar lembranças mais leves de se carregar. Posei para ele várias vezes, na própria sala da pensão, nas horas em que ela ficava vazia.

Havia uma pequena praça em que os artistas ofereciam seus trabalhos, junto ao cais, e Pedro ia sempre lá. Um dia voltou muito feliz, dizendo que tinha vendido três desenhos e quis me pagar uma comissão, porque eu tinha sido seu modelo em todos eles. Como recusei, ele fez questão de comprar uma garrafa de aguardente, que consumimos pela metade. Tornamo-nos amantes naquela noite.

Era uma relação suave e doce, muito diferente da paixão incontrolável que eu tinha conhecido com Maurício. Agora o amor não me consumia, ao contrário: fortalecia-me e fazia com que a vida ficasse mais leve.

Já há algum tempo usávamos o ateliê de um amigo seu, que estava estudando em Paris. Havia lá um sofá parecido com o que meu pai tinha em sua sala. Um dia, talvez movida por um capricho, tirei o casaco, recostei-me e pedi que ele me desenhasse. Foram vários desenhos, todos muito bons. Então vesti um roupão leve, que costumava usar entre uma pose e outra e disse-lhe que desenhasse como se o tecido fosse muito fino, quase transparente. Aquele desenho nunca foi posto à venda. Ele dizia que era seu melhor trabalho.

Era quase inverno e estávamos voltando do estúdio. Fazia mais de seis meses que morávamos juntos, na mesma pensão. Eu agora trabalhava bem menos tempo ajudando a costureira porque Pedro estava vendendo bem seus trabalhos e eu era sua única modelo.

Quando olhei para Margarida percebi que alguma coisa estava errada. Perguntei o que era e ela respondeu, entre lágrimas, que minha mãe tinha morrido. Disse-me que ela havia pedido pelo amor de Deus para me chamarem, mas meu pai não permitiu. Então, antes de morrer, ela incumbiu Margarida de me entregar um dinheiro que vinha guardando desde que eu saíra de casa e todas as suas joias. Pediu ao padre, que estava lá para dar-lhe a extrema-unção, que servisse como testemunha de que nada havia sido roubado.

Tive ódio de meu pai e senti muita pena de minha mãe, sofrendo por se ver obrigada a passar a vida inteira ao lado de um homem que não hesitava em negar seu último desejo para não abalar seu orgulho descomunal. 'Ela teve razão em se precaver', pensei. Meu pai seria bem capaz de acusar Margarida de furto, ou até a mim mesma, sua própria filha.

Foram dias difíceis para mim. Não conseguia entender como podia sentir a falta de minha mãe de um modo tão sofrido, estando longe dela por tanto tempo. Não quis vender as joias. A única exceção que fiz foi o anel que meu pai me deu quando completei quinze anos, dois anos antes de eu ser expulsa de casa.

Com o dinheiro da venda comprei um enorme sortimento de tintas, telas e pincéis e disse a Pedro que estava começando para ele uma nova fase na sua carreira artística. Depois lhe pedi que fizesse todos os arranjos para que eu trabalhasse como modelo nas aulas da Escola de Belas-Artes.

No princípio ele se recusou, mas eu insisti com firmeza, dizendo que parte do meu pagamento seria a escola aceitá-lo como aluno, mesmo que fosse na condição de ouvinte. Como estaríamos sempre juntos, eu seria respeitada.

Conseguimos. Como eu era moça, muito bonita e, como todos diziam, tinha traços aristocráticos, a proposta foi aceita.

Na maior parte das vezes eu posava nua ou com roupas muito leves, mas isso não me incomodava. Tanto os alunos como os professores me tratavam com respeito e de maneira muito profissional. Talvez o fato de eu também ter estudado pintura me ajudasse e era comum os alunos virem pedir minha opinião nos meus momentos de descanso. A única coisa que realmente me incomodava era o frio, no inverno, que acabou me deixando com uma tosse crônica, menos de um ano depois que comecei a trabalhar lá.

Dois anos depois um quadro de Pedro foi premiado com menção honrosa. Pouco depois ganhava outro prêmio, uma bolsa de estudos em Paris.

Eu havia assumido o compromisso de trabalhar na escola até o fim do semestre e consegui convencê-lo a ir na frente. Depois eu venderia algumas joias e iria me encontrar com ele.

As primeiras manifestações do agravamento de minha doença tinham aparecido antes de Pedro viajar, mas eu não quis dizer nada para não preocupá-lo. Sentia-me fraca, tossia muito pela manhã e ao fim da tarde sempre estava febril. No princípio pensei que fosse apenas mais uma crise da gripe que sempre aparecia no inverno. Foi quando percebi que havia sangue vivo em meu escarro.

Margarida quis escrever para Pedro, contando que eu estava com uma doença grave nos pulmões, mas não permiti. Achei que ficaria logo boa e que não tinha sentido fazê-lo perder uma oportunidade que talvez não surgisse mais em sua vida.

Em pouco tempo pude perceber como estava errada e, finalmente, quando consenti em vender uma joia para que pudéssemos chamar o médico, já era tarde.

É interessante poder rever e avaliar a situação agora. Eu era jovem, bonita, havia um homem de quem eu gostava muito e que também me amava, eu percebia, pelo que consegui escutar da conversa que Margarida tivera com o médico e por suas fisionomias carregadas, que estava morrendo, mas não senti medo.

Naquela tarde recebi a visita de um aluno da Escola muito amigo de Pedro e pedi a ele que transmitisse minhas desculpas aos professores pelas minhas faltas. Ele prometeu que não esqueceria e saiu do quarto com lágrimas nos olhos.

Entardecia agora e eu sentia que precisava fazer um grande esforço para respirar. Margarida trouxe-me uma xícara de chá e saiu, quando disseram que alguém estava procurando por ela. Percebi que os objetos foram ficando menos nítidos, talvez porque minhas pálpebras estivessem tão pesadas. Foi quando a porta se abriu e Osvaldo entrou.

Primeiro, pensei que fosse uma alucinação. Afinal, desde o dia em que conheci Pedro eu pensava nele quase todos os dias. Só quando segurou minhas mãos é que percebi que ele estava lá, de verdade.

Queria chorar, dizer como ele tinha sido importante para mim, que tinha me ajudado muito a refazer minha vida e, mais do que tudo, queria pedir que ele me perdoasse, mas só consegui esboçar um sorriso. Só então comecei a chorar e apertei com força suas mãos. Depois, as imagens se apagaram."

"Quando despertei, estava deitada num leito muito limpo e umas mulheres simpáticas, talvez enfermeiras, conversavam com um rapaz, falando com ele com muito jeito e fazendo com que saísse do quarto.

Só muito tempo depois fiquei sabendo que ele era o espírito da criança que eu tinha abortado. Disseram-me que ele me odiou muito e tinha jurado vingança, mas acabaram mostrando a ele que ninguém sofre sem razão. Seu sofrimento representava a libertação de um carma. Falaram então que ele pôde saber por que tinha sido abortado. Não me disseram a razão, mas comentaram que ele sentiu um remorso enorme. Confessou que havia ajudado a minar minha saúde, apressando meu fim e, depois que insistiu muito, deixaram que ele viesse me visitar enquanto eu permanecesse inconsciente. Disseram que ele ficava sempre um tempo enorme rezando à minha cabeceira.

— Com certeza vocês ainda vão se encontrar pela vida afora —, disse uma das moças com um sorriso.

Quando fiquei melhor ingressei numa organização semelhante à Casa da Esperança. Também era uma escola e aprendi muito lá.

Foi quando me contaram que Osvaldo é que tinha comprado os primeiros trabalhos de Pedro, quando me reconheceu pelos desenhos. Tinha ficado impressionado com seu talento e se empenhou em falar dele às diversas pessoas conhecidas que se interessavam por arte. Por isso a venda dos desenhos tinha aumentado tanto. Também usou seu prestígio para que fôssemos aceitos na Escola de Belas-Artes.

Perguntava por mim com frequência aos seus colegas professores, mas insistia para que não me dissessem nada. Foi assim que ficou sabendo de minha doença. Continuava a alma generosa de sempre, mas passara a ser mais frio, menos idealista. Agora se preocupava mais em ganhar dinheiro e, aos poucos, deixava diminuir a chama da verdadeira arte que sempre iluminou seus trabalhos. Agora o dinheiro não era mais apenas uma consequência de sua obra. Era sua principal preocupação.

Tinha quadros pendurados nas salas das casas mais importantes e era um homem rico. Sua pintura continuava tecnicamente perfeita, mas não se percebia nela a presença do espírito do artista. Desaparecera aquela coisa indescritível que diferencia uma simples pintura de uma obra de arte. Pensei, com tristeza, que eu também era um pouco responsável por aquela perda.

Pedro, ao contrário e graças à sua arte verdadeira, era um pintor famoso. Mais do que isso! Era um artista. Tinha se casado e era feliz.

É engraçado. Não senti ciúmes por ele ter se casado. Com ele era assim. Eu tinha a sensação de uma coisa concluída, de dever cumprido, talvez. Teria um prazer muito grande em encontrá-lo novamente, o mesmo de rever um grande amigo afastado há algum tempo. Apenas isso. Já com Osvaldo era diferente. Alguma coisa tinha ficado inacabada, eu podia sentir.

Vendo a boa influência que eu tinha representado na vida de Pedro, sabendo que eu também possuía a chama da arte e que a desperdiçara com minha futilidade, achei que talvez não tivesse me tornado uma pintora para ajudar Pedro a vencer. Talvez fosse por isso que me sentia tão bem, sabendo do seu sucesso.

Se fosse assim, a chave para que eu entrasse na vida de Pedro, para que cumprisse minha missão, teria sido o que aprendera com Osvaldo. Ele havia me ensinado a encontrar na arte uma beleza maior que existe em tudo, a ver o corpo e a descobrir a alma. Era triste perceber que agora ele havia perdido esse dom.

Foi quando achei que precisava ajudá-lo a reconquistar essa riqueza, a se tornar novamente um artista. Talvez eu também pudesse me tornar uma pintora. Daríamos apoio um ao outro, cresceríamos juntos.

Quando falei aos instrutores o que estava planejando, aconselharam-me a não ter tanta pressa em tomar uma decisão, mas permitiram que eu esperasse por Osvaldo na espiritualidade. Poderíamos planejar juntos."

Sérgio interrompeu a narrativa.

— Parece que você está começando a contar para nós outra experiência com Osvaldo, o que será ótimo, mas nós podíamos comentar essa primeira parte antes. Acho que será mais proveitoso. Também podemos meditar sobre tudo o que você contou, para estarmos mais preparados na próxima reunião. Eu mesmo gostaria de conversar com um dos orientadores sobre alguns assuntos.

A sugestão foi aceita e Sérgio convidou a todos a elevar o pensamento em agradecimento por mais aquela oportunidade.

"— Pai, mais uma vez pudemos testemunhar que não se passa um só instante sem que estejamos progredindo, porque as oportunidades que nos são dadas chegam a nós incessantemente, como as águas de um rio. Percebemos que este fluxo maravilhoso nos repete, sem cessar, como são importantes os nossos esforços e a nossa perseverança para nossa evolução.

Recebemos as bênçãos de sempre, na reunião de hoje, a ajuda dos nossos irmãos maiores e a participação corajosa e sincera de nossa irmã Juliana, a quem também agradecemos de coração.

Agora, meus irmãos, vamos mentalizar essa energia maravilhosa, a fonte de tudo o que já existiu, existe e ainda será criado. Vamos procurar alcançar a sintonia necessária para que ela nos envolva, neste momento, permitindo que tenhamos uma meditação mais proveitosa."

A mesma névoa luminosa os envolveu, fazendo com que experimentassem a sensação de flutuarem soltos, no Universo, na mais completa paz, em total harmonia.

— Sabe, Álvaro, você poderia ser muito útil na próxima reunião. Acho que a conversa vai se encaminhar para o princípio de causa e efeito, mas é um caso em que o aspecto da responsabilidade deve pesar bastante como atenuante.

— Você sabe que pode contar comigo. Graças a Deus, nesta casa todos podem contar com todos.

— Como coordenador de treinamento você tem ideia se ainda falta muito para eu iniciar o processo de encarnação?

— Não falta muito. Nem sei se você poderá acompanhar esse grupo até a fase de planejamento.

— Eu sei o que você deve estar pensando: "Será que ele continua preocupado?" Então eu me adianto e respondo: "Não." Agora eu me sinto ansioso. Vai ser um trabalho muito bonito viver para divulgar os princípios filosóficos desta casa no plano material.

— Os princípios não são novos.

— Eu sei. Cada vez que Deus presenteia a humanidade mandando para a matéria um Espírito de Luz, ele ensina todos esses princípios novamente. Veja bem! Não estou me considerando um desses espíritos, mas quero fazer o que estiver ao meu alcance. De qualquer forma, com o tempo, os homens vão torcendo as palavras, deturpando seus significados de acordo com os interesses e o conteúdo se perde.

— Não concordo. Talvez para muitas pessoas o conteúdo se perca, mas permanece para algumas. Então, no momento apropriado, essas pessoas devolvem à humanidade o sentido original da mensagem. Pode acreditar. Se não fosse assim, você não estaria tão motivado para fazer esse trabalho.

— É verdade. Afinal, os responsáveis por esta Casa souberam manter vivos esses princípios. Mas é que me espanta ver como as pessoas se deixam levar pelos argumentos mais primários, como tantos se deixam enganar por pessoas inescrupulosas que só buscam o poder e a riqueza. E é uma coisa tão fácil de perceber! Veja só: todos os Espíritos de Luz que foram mandados à Terra pregaram a simplicidade, a pobreza e o que nós vemos é o crescimento vertiginoso da riqueza e do poder das maiores organizações religiosas do Planeta!

— A Humanidade sente falta da religiosidade, Sérgio, mas é muito comum que as pessoas se desencantem tão logo percebam coisas como as que você apontou. Por isso aparecem tantas seitas, tantas religiões novas, ou transformadas, mas que logo vão perdendo sua força e acabam por desaparecer. Por isso, também, talvez seja mais importante e proveitoso mostrar o verdadeiro que criticar o falso.

Sérgio sorriu.

— Está certo, meu amigo. Eu vou me recolher para meditar sobre o delicado puxão de orelhas que você acabou de me dar.

— Estão abertos os nossos trabalhos —, disse Sérgio, quando a sala voltou a ficar iluminada.

"Antes de continuarmos a ouvir a história de nossa irmã Juliana eu queria saber se alguém quer fazer alguma pergunta ou comentar alguma coisa."

— Meu nome é Jorge e sou um espírito em evolução. Quando eu desencarnei, também fui atendido numa espécie de hospital, mas me recuperei em pouco tempo. Queria saber porque Juliana permaneceu tanto tempo inconsciente. Afinal, quando ela acordou, Pedro já estava casado e famoso. E Osvaldo já tinha enriquecido.

— Acho que eu mesma posso responder sua pergunta — disse Juliana. — Eu perguntei a mesma coisa na escola, depois que saí do hospital.

"Em primeiro lugar, não soube disso tudo assim que acordei. Foi só depois que entrei para a escola. Mas assim mesmo é verdade que passei muito tempo em recuperação. O espírito daquele que poderia ter sido meu filho me odiava, como eu já disse, e não cessava de me agredir com suas vibrações. Mesmo com toda a proteção que tínhamos naquela casa, só depois que ele começou a ser doutrinado é que eu experimentei uma melhora mais sensível."

— Eu não entendo — disse Jorge. — Se o hospital era protegido, como é que ele conseguia atingir você desse jeito?

— Mãe e filho sempre são ligados por laços energéticos muito fortes — disse Sérgio. — Isso permitiu que ele permanecesse perto dela.

Francisca interveio.

— Mas, pelo que você disse, não te perguntaram nada, não te consultaram. A tal da costureira pegou você e levou para fazer o aborto. A culpa não foi sua.

As pessoas começavam a comentar entre si, a dar opiniões e Sérgio pediu silêncio.

— Por favor. Vamos falar um de cada vez. Não é só dar uma opinião que é importante, é preciso que todos escutem. Senão, estaremos perdendo a oportunidade de aprender a partir dessas opiniões. Depois, esse é um assunto complexo e muito importante. Pela última reunião eu sabia que iríamos falar a esse respeito e até convidei um dos orientadores dessa Casa para participar desse nosso encontro. É o nosso irmão Álvaro.

— Quero agradecer a todos por poder compartilhar com vocês essa oportunidade de aprender um pouco mais e confio que nossos irmãos maiores virão nos intuir nessa nossa conversa — disse Álvaro, depois que tomou seu lugar à mesa e continuou:

— Enquanto eu esperava, pude tomar conhecimento da história de nossa irmã Juliana e acho que teremos oportunidade de aprender bastante.

"Todos vocês já passaram por outra escola, para um aprendizado básico antes de ingressarem na Casa da Esperança. Com certeza já ouviram falar na Lei de Causa e Efeito, não é verdade? Pois é exatamente do que se trata, mas acho importante avaliar o conceito básico dessa Lei, porque toda a vez que conversamos sobre ela aparece a necessidade de esclarecer o mesmo ponto. Prestem bem atenção! Não é uma Lei para orientar, dirigir ou regulamentar o julgamento das ações de ninguém, porque todas as criaturas imperfeitas seriam condenadas se fossem julgadas tomando-se a Perfeição como parâmetro.

"Não se trata, portanto, de decidir se a pessoa é ou não culpada. Mesmo sabendo que uma mesma atitude pode ser tomada com diferentes graus de responsabilidade, a Lei de Causa e Efeito se manifesta sempre da mesma forma. Acho que um exemplo pode ser mais esclarecedor:

"Imaginemos uma criança que tenha acabado de aprender a andar. Sua mãe está distraída, ela se aproxima do fogão e põe o dedinho na chama. Alguém tem dúvida que ela irá se queimar, que irá chorar por sofrer as dores da queimadura? É assim que funciona a Lei de Causa e Efeito. O fogo queima. Quem colocar a mão no fogo irá se queimar, sabendo disso ou não. A partir da experiência aprendemos que não devemos botar a mão no fogo. Depois aprendemos até que ponto podemos nos aproximar dele sem nos queimarmos e, finalmente, aprendemos a utilizá-lo.

"Se a criança de nosso exemplo fosse mais velha, poderia ser advertida por sua mãe e não se queimaria. Poderia até aprender com ela a utilizar o fogo sem precisar sofrer nenhuma queimadura. Prestem atenção, que essa é outra lição. Podemos aprender com as experiências dos outros, desde que tenhamos maturidade e humildade, podemos aprender e ensinar, ou seja: compartilhar o saber, sofrer menos para aprender e ajudar nossos irmãos a progredirem da mesma forma. Se não escolhermos o método mais fácil, iremos aprender com nossas próprias experiências, ou seja, pelo método do Ensaio e Erro, a Lei de Causa e Efeito, a forma de ensino que não falha.

"Mas, ainda assim, será que o conceito de 'atenuante' caberá, em alguns casos? A resposta é sim.

"Em primeiro lugar, o espírito que lançava suas vibrações maléficas sobre Juliana, quando foi abordado pelos doutrinadores deve ter desistido mais facilmente de seus intentos depois de saber em que circunstâncias ela foi fazer o aborto. Sua ira aplacada seguramente atenuou o tormento dela. Analisando por outro lado, foi mostrado a ele que a causa de seu sofrimento tinha sido algum erro que ele havia cometido no passado. Quer dizer: seu erro foi a causa, o seu sofrimento, causado inadvertidamente por Juliana, o efeito. As boas vibrações que ele passou a enviar para ela, depois de doutrinado, representaram um alívio para ela, atenuaram seu sofrimento na medida de sua responsabilidade. E quanto a esse obsessor? Sua vingança será a causa de um sofrimento futuro para ele, com certeza, mas o fato de ter orado à cabeceira de Juliana, contribuindo para sua recuperação, também irá atenuar os sofrimentos que o esperam em consequência de sua agressão.

"Seguramente cada um de vocês já se perguntou em algum momento: 'Qual a minha participação na obra do Pai? O que cabe a cada um de nós, o que cabe à Humanidade fazer?'

"Hoje pretendo dizer a vocês, pelo menos uma coisa que nos cabe fazer, uma tarefa de que vimos nos desencumbindo mesmo sem saber, desde que fomos criados.

"De todas as criaturas que encarnam na Terra, o ser humano é a que está mais preparada para transformar energia bruta em energia psíquica. Mas, afinal, o que é energia psíquica?

"Exemplificando, energia bruta é o calor, a força dos ventos ou das águas, é também a que é liberada nas reações químicas etc. Está presente onde há movimento ou, simplificando, nas transformações. Podemos usar a energia bruta como a encontramos, assim como o navegante aproveita o vento nas velas de seu barco ou podemos criar condições ideais para aproveitá-la, como ocorre quando acendemos fogo sob uma caldeira, para acionar um motor a vapor, quer dizer, quando promovemos transformações que gerem essa energia.

"Já a energia psíquica é produzida com uma finalidade específica. É quase que uma energia inteligente. Um exemplo? As vibrações de ódio que agravaram o estado de saúde de Juliana, antes de ela desencarnar. Elas foram criadas com a finalidade específica de agredir Juliana. Outro exemplo: as vibrações que o mesmo espírito produziu, depois de doutrinado, quando orava por sua recuperação e que a aliviaram.

"Não vivemos um só instante sem pensar, o que significa que não paramos de produzir energia psíquica.

"Quando estamos encarnados e nos alimentamos, são desencadeadas reações químicas que transformam o que ingerimos no combustível que irá alimentar nosso corpo, nosso cérebro. Então, quando o espírito se manifesta, processando o pensamento no cérebro, provoca a transformação da energia primária que o nutre em energia psíquica, que, mesmo sendo energia psíquica, é matéria-prima mais densa de que a espiritualidade se utiliza para criar no plano material, em diversos níveis de densidade. Não é que o espírito desencarnado não produza energia psíquica. Digo apenas que a energia produzida por nós, na espiritualidade, tem como característica uma densidade mais leve, adequada para criar no plano espiritual.

"A criação integral, que é aquilo que passa a existir nos dois planos, se faz continuamente, utilizando toda a gama de densidades energéticas. Então é fácil compreender a necessidade do intercâmbio entre os planos material e espiritual. Isso demonstra que a união dos homens não só é necessária na matéria ou na espiritualidade, e sim na matéria e na espiritualidade. Mesmo porque não são dois mundos, como costumamos erradamente dizer. São dois planos de atuação de nossos espíritos.

"Depois que a energia psíquica é gerada ela não se afasta completamente de sua origem e cada espírito está sempre envolvido por uma parte dela. É como se fosse uma aura, uma atmosfera. Essa aura acompanha nosso espírito sempre. É essa energia que plasma nosso corpo, cada vez que encarnamos, são as formas humanas que estamos vendo aqui, olhando uns para os outros.

"É como Sérgio explicou. A aura de energia psíquica que nos envolve é nosso perispírito, ou corpo espiritual, como alguns chamam.

"Como tudo mais, nosso perispírito está em constante mutação, em consequência das energias psíquicas que vamos agregando a ele ou das que vão sendo dissipadas, quando 'queimamos um carma'. Mas o que significa exatamente 'queimar um carma'?

"Cada um de nós está num determinado estágio evolutivo e deseja habitar o ambiente adequado às suas características vibratórias. Ainda somos capazes de tomar certas atitudes equivocadas, de cometer erros que em breve não mais estaremos cometendo, quando progredirmos mais um pouco. Só que o corpo espiritual limita o espírito. Podemos ir somente até onde possamos levar nosso perispírito. Mesmo que tenhamos evoluído, mesmo que nosso espírito queira ir mais adiante, estamos aprisionados a ambientes menos evoluídos pelas vibrações mais densas que geramos, com nossas ações, num momento evolutivo anterior. Nossas ações foram a causa. Nossa limitação, ou aprisionamento, o efeito. E como nos livraremos dessa carga, da vibração que nos aprisiona? Vou lançar mão de um exemplo, mais uma vez.

"Suponhamos que o desafeto de Juliana tivesse resolvido agredi-la com uma pedra. Que tenha se abaixado, apanhado essa pedra e que a tenha atirado em sua cabeça.

"Sua intenção foi a energia psíquica que comandou tudo. O corpo, obedecendo ao comando de seu cérebro, flexionou as pernas, sua mão apanhou a pedra e seu braço transmitiu a ela a energia necessária para fazê-la voar até atingir a cabeça de Juliana. Quando a pedra se chocou contra a sua cabeça, a energia bruta se dissipou, produzindo como consequência um ferimento e dor. A pedra, sem estar mais animada por aquela energia, caiu ao chão. Mas se a pedra agora estava inerte, o mesmo não acontecia com aquele que a tinha atirado e a mesma energia psíquica que ele criou com seu cérebro passou a fazer parte de seu perispírito, ou seja: ficou agregada a ele.

"Como já vimos, essa energia agregada é um carma, do qual ele irá querer se livrar, quando evoluir o suficiente para se sentir desconfortável no ambiente em que estiver habitando. Isso porque só podemos ir até onde possamos levar conosco o nosso perispírito, o que fará de nós prisioneiros de nossas próprias vibrações. E como o obsessor de Juliana conseguirá se libertar? Já aprendemos que à toda ação corresponde uma reação, de igual intensidade e sentido oposto.

"Primeira hipótese: se o inimigo de Juliana se propuser a viver uma situação em que será agredido com uma pedrada, com igual intensidade, para se libertar do carma que adquiriu, não estará anulando sua ação anterior? A energia que ele gerou partiu dele, para atingir alguém. Agora ele estaria sofrendo o efeito de uma energia idêntica, vindo de longe, em sua direção, para atingi-lo — quer dizer — no sentido oposto. Seria ferido, sentiria dor e a pedra cairia ao chão, pois a energia que a animava estaria dissipada. Então ele estaria livre da energia que o tinha aprisionado, teria "queimado aquele carma". Ao mesmo tempo o seu agressor estaria garantindo uma dívida futura para si mesmo.

"Agora pergunto a vocês: haveria outra forma do inimigo de Juliana se livrar de sua carga? Sim! Outra forma bem mais produtiva. Vejamos outra opção.

"Vamos imaginar que ele já percebeu que sua atitude foi errada, que hoje seja incapaz de agir da mesma forma. Então, quando olha para o lado, vê alguém com uma expressão de ódio no rosto e que está se abaixando para apanhar uma pedra, aparentemente para atirá-la em alguém. Nosso amigo fica à frente do agressor e, depois de conversar muito, consegue fazê-lo desistir de seu intento. Conta que viveu uma situação parecida e diz tudo o que aprendeu, conta que estava sendo injusto e que, finalmente, tinha aprendido o valor do perdão.

"No momento em que anulou a ação que iria ferir alguém do mesmo modo que ele havia ferido, além de livrar-se de seu carma ele evitou que uma pessoa fosse ferida — e ainda mais! Fez com que alguém não adquirisse uma dívida cármica para si mesmo, ajudou um semelhante a aprender, a evoluir.

"É claro que apenas imaginamos um exemplo. Não sabemos o que aconteceu com aquele irmão, mas, por tudo que já vimos nessa casa, creio que Juliana poderá dizer-nos muito melhor, porque acredito que eles tenham voltado a se encontrar."

— É verdade, mas demorou muito até que nos encontrássemos outra vez — disse Juliana. — É melhor retomar minha história de onde eu parei.

"Osvaldo morreu solteiro e sem filhos, mas nunca esteve sozinho. A exemplo do que fizera com Pedro, ele ajudou muitos novos artistas, ensinava de graça a quem não podia pagar e, talvez no contato que tinha com pessoas de talento e entusiasmadas, vislumbrasse um pouco da chama que também tivera um dia.

Sua morte foi muito lamentada. A última atitude que teve, já gravemente enfermo e pouco antes de se internar, foi criar uma instituição para acolher pessoas talentosas e sem recursos que desejassem aprender pintura. Funcionaria em sua mansão, que deveria ser adaptada para aquela finalidade. Sua fortuna seria aplicada na manutenção da instituição. Chamou-a de 'A Casa dos Artistas'.

Foi breve sua adaptação à nova condição de espírito liberto e em pouco tempo eu tinha permissão para vê-lo.

Inexplicavelmente, antes do momento do encontro, fui tomada por uma angústia muito grande. Não sabia por que, algo me dizia que tinha sido minha atitude leviana a causa de seu desencanto pela arte. Mesmo não tendo nada em que me basear para acreditar nisso, ainda assim a ideia persistia. Mais do que imaginar, eu sabia.

Após um curto período de adaptação na Casa de Recuperação, ele tinha sido liberado e me esperava, sentado num banco do jardim. Quando cheguei, ele se levantou sorrindo e abriu os braços para mim. Eu chorava convulsivamente e não conseguia dizer nada, levada por uma emoção inexplicável de que ele também partilhava. Eu podia sentir que suas lágrimas molhavam minha testa.

Agora não restava a menor dúvida! Nosso encontro na vida que tínhamos deixado não havia sido o primeiro, mas demorou algum tempo até que pudéssemos conhecer, em linhas gerais, a nossa história anterior que vou contar a vocês.

Tínhamos chegado à fama como pintores, mesmo sendo tão difícil para uma mulher, naquela época, ter reconhecimento como artista. Eu tinha sofrido muito até conseguir vencer e então, de repente, o talento superou o preconceito e me vi, da noite para o dia, transformada em celebridade. Foi quando o conheci. Ele era um pintor de renome, rico e vaidoso.

Foi uma paixão à primeira vista, casamos e ele mostrou para mim um mundo de deslumbramento. Conheci o luxo, comidas e bebidas finas, salões majestosos... Percebi, encantada, que aceitavam minhas extravagâncias mais absurdas como se fossem dádivas. Eu podia expressar o que pensava ou sentia sem ter necessariamente que pintar. Minha vida tinha se modificado demais. Um dia eu pude ver isso claramente.

Fui convidada a visitar uma espécie de exposição de arte popular que já se tornava conhecida, em que alguns trabalhos apresentavam uma boa qualidade e podiam ser adquiridos por um valor irrisório. Na verdade, fui lá contra minha vontade. Eu conhecia o lugar muito bem, uma pequena praça junto ao cais, às margens do rio que a aristocracia atravessava em luxuosas embarcações para a região das mansões. Tempos atrás eu costumava ir lá vender meus desenhos e tinha certeza de que poderiam me reconhecer. Essa possibilidade me incomodava, nem tanto por expor claramente a minha origem às pessoas que estariam me acompanhando, mesmo porque todas elas sabiam de onde eu tinha vindo. Afinal, essa era uma das características que fazia de mim um espécime raro. Na verdade, era a maneira como meus antigos companheiros me olhariam que me ameaçava, as tristes lembranças que eu teria, voltando lá, iriam incomodar--me ainda mais. Não sabia se teria a coragem necessária para enfrentar o olhar dos famintos e desesperançados, daqueles que acabariam vendendo sua arte pelo preço que lhes oferecessem para terem o que comer. Sempre foi claro, para mim, que os compradores regateavam na hora de comprar apenas para mostrar seu poder. Para eles não faria a menor diferença gastar dez vezes mais do que iriam pagar. Incomodava-me saber que eu estaria na companhia deles. Além disso, eu queria esquecer, mas ainda não tinha conseguido. Recordava as dificuldades daquela época, a fome, a terrível sensação de insegurança que se abateu sobre nós quando disseram que aquelas terras tinham sido vendidas e que iriam demolir as ruínas em que nos abrigávamos... Eram essas as imagens que eu queria apagar da memória. Por isso eu não queria voltar lá.

Talvez tenha sido um mero acaso a transformação que aconteceu em minha vida.

Foi lá, no mesmo lugar que iríamos visitar, quando tinha vendido quase todos os meus desenhos, com exceção de um. Era a figura de um dos artistas que dividia conosco o abrigo miserável.

Estava chovendo muito quando fiz o desenho. Ele tinha entrado em nosso abrigo com as roupas encharcadas, tremendo de frio. Foi muito difícil convencê-lo a tirá-las, para secá-las junto ao fogo, porque ele não tinha outras para vestir. Eu o desenhara assim, nu e exposto, encolhido junto ao fogo e iluminado pelas labaredas.

Todas as pessoas que se aproximaram olharam o desenho com interesse, mas não se decidiram a comprá-lo, talvez porque ele retratasse um homem nu e não se prendesse a nada feito nos moldes clássicos. Finalmente um homem e uma mulher tinham se aproximado e perguntaram ao mesmo tempo por quanto eu venderia o desenho. Percebendo o interesse de seu companheiro e antes que eu respondesse, a mulher fez uma oferta. Era muito mais do que esperava receber. Imediatamente o homem ofereceu mais ainda e ela reclamou, dizendo que aquela não era a atitude de um cavalheiro. Ele apenas sorriu.

Pude saber mais tarde que, tanto um quanto o outro, eram conhecidos colecionadores de arte e que tinham em suas casas acervos impressionantes.

Talvez meu trabalho tivesse qualidades, mas o que estava em disputa agora era o poder. Ela, visivelmente irritada, fez uma oferta bem maior. Foi quando alguém, mais distante, ofereceu ainda mais. Eu nunca o tinha visto. Era um *marchand* de renome que, mais do que o valor do desenho, percebeu que a situação poderia representar para ele uma excelente oportunidade de lucro. Só precisava investir um pouco mais em mim e colocar-me em evidência para que fosse motivo de orgulho dos poderosos terem um de meus desenhos na parede.

Antes que o leilão improvisado continuasse, ele propôs que, além de pagar o preço combinado, forneceria para mim todo o material de pintura de que eu pudesse precisar, desde que me comprometesse a dar-lhe prioridade na compra de todos os trabalhos que fizesse. Ele se propunha a ficar com aqueles que tivessem qualidade.

Foi o começo de uma ascensão vertiginosa, foi o que me levou, mais tarde, a conhecer Osvaldo.

Agora eu voltaria lá, bem vestida e usando joias caras. Foi impossível recusar o convite, feito pelo mesmo cliente rico que tinha contratado Osvaldo e a mim para pintarmos o teto da capela de sua mansão.

Desejei que chovesse, no dia marcado, para que o passeio fosse cancelado, mas, como o céu amanheceu limpo e sem nuvens, pouco depois navegávamos em direção ao cais do outro lado do rio.

Tudo continuava como antes na pequena praça e os artistas continuavam oferecendo seus trabalhos a quem se dignasse a parar. Não me reconheceram, mas reconheci alguns. Outros eram novatos. Como sempre, os que tinham as roupas em melhor estado se incumbiam de vender os trabalhos dos andrajosos, por uma comissão. Já era assim no meu tempo.

Havia me afastado da área mais movimentada e corria os olhos pelas margens do rio quando a figura de um homem chamou minha atenção. No mesmo instante pude reconhecê-lo, magro e usando a mesma roupa que secara junto ao fogo, tanto tempo atrás. Estava sentado a alguma distância da pessoa que vendia seus desenhos, que reconheci com facilidade pelo traço leve e expressivo que eu tanto apreciava.

Aproximei-me e disse ao vendedor:

— Quero negociar com o autor dos trabalhos. Não são seus, não é mesmo?

Ele não sabia o que dizer e antes que tivesse tempo de raciocinar eu disse:

— Aquele rapaz, sentado na mureta.

Chamava-se Alfredo. Não me reconheceu e eu não me sentia à vontade para conversar livremente com ele. Então pedi que recolhesse todos os desenhos e que esperasse por mim um pouco mais adiante, junto a um barco encalhado. Controlei-me para conter as lágrimas quando me fiz reconhecer.

Ele, espantado, olhava para mim sem acreditar e eu contei tudo, começando do momento em que vendi o desenho que fizera dele.

Comprei todos os seus trabalhos e dei-lhe o dinheiro que tinha comigo. Foi sua vez de ficar com lágrimas nos olhos. Embora aquela importância não me fizesse falta, representava uma fortuna para os que viviam de modo tão miserável. Disse-lhe então onde eu morava e pedi que me encontrasse lá, no fim da tarde. Depois voltei para junto do meu grupo.

— Olhem o que eu encontrei! — disse entusiasmada.
— São de um rapaz que nem tem uma roupa decente para usar, mas vejam que talento!

— Onde estão seus outros trabalhos? — perguntaram.

— Comprei todos e ainda combinei que ele irá levar tudo que tiver feito à minha casa, na semana que vem.

— Mas é muito egoísmo de sua parte! — responderam.

Fiz com que parecesse que eu tinha sido convencida por todos, depois de muita insistência e ficou acertado que eu receberia em minha casa os que se interessassem em comprar os trabalhos do artista recém-descoberto.

Quando ele chegou, ao fim da tarde, como combinado, nossos criados já esperavam por ele. Banharam-no, cortaram seus cabelos e apararam sua barba. Nosso alfaiate adaptou algumas roupas de meu marido e o alojamos no quarto de hóspedes, onde passou a noite. No dia seguinte levei-o ao meu estúdio e coloquei à sua disposição os materiais e os modelos que passavam por lá, todos os dias, oferecendo seus serviços. Ele começou a produzir imediatamente.

A exposição que promovemos tinha pouquíssimos trabalhos, ou seja, poderíamos contar com mais compradores do que obras de arte. Antes que os convidados chegassem, combinamos que, se perguntassem os preços, ele deveria dizer que me procurassem. Eu anotaria os nomes dos pretendentes e, caso houvesse mais de um interessado num mesmo quadro, ele seria vendido pela melhor oferta.

Alfredo vinha de uma família tradicional e tinha boa instrução. Havia sido deserdado quando seu pai não aceitou que ele se dedicasse às artes, em vez de continuar produzindo vinhos, como fazia sua família há mais de um século, numa propriedade pequena, mas muito respeitada pela qualidade do que produziam. Falava bem, sabia estar à mesa e impressionava a todos fazendo comentários precisos sobre a qualidade dos vinhos, identificando as uvas usadas na elaboração e aconselhando-me a guardar alguns, para que envelhecessem um pouco mais na adega.

Apresentei-o a uma das convidadas, rica herdeira, proprietária de muitas terras e viúva de um famoso produtor de vinhos. Ela era bem mais velha que ele, o que não a impediu de assediá-lo o quanto pôde. Comprou o seu melhor trabalho por um preço altíssimo e pediu para voltar uma semana depois, para ver o que mais ele teria produzido.

Depois que todos saíram, deixando em suas mãos muito mais dinheiro do que ele jamais tinha visto em sua vida de pintor, gracejei, dizendo que em breve ele poderia ser um produtor de vinhos que pintaria por diletantismo. Alfredo não respondeu. Olhou para mim surpreso, quase chocado, como se a ideia nem tivesse passado por sua cabeça. Então eu falei, com voz ríspida:

— Sabe de que eu lembrei, quando voltei à praça do cais, aquela manhã? — perguntei. — Das noites em que dormi com fome, depois de comer metade de uma fatia de pão, para guardar o resto para o dia seguinte. Eu me dediquei de verdade à pintura, você sabe disso. Foi ela que abriu caminho para que eu conquistasse tudo o que tenho hoje, mas a vida tem mais a oferecer que o prazer de pintar. Hoje eu sei disso e posso dizer a você: não perca essa oportunidade. Ideal não mata a fome de ninguém!

Menos de um mês depois ele viajava para o interior. Iria conhecer as propriedades de sua amante. Segundo disse, planejava montar um ateliê modelo. Cuidaria da produção de vinhos somente nas horas vagas.

Nunca mais ouvi falar em seu nome. Só nos reencontramos muito depois, no salão de uma taverna, quando então se chamava Pedro. Mas essa parte da história vocês conhecem bem. Vamos voltar à minha vida como pintora extravagante, casada com o homem que mais tarde conheci como Osvaldo.

Eu era famosa. Tudo que eu dissesse era inteligente, verdade ou pelo menos espirituoso. Embora todos quisessem ter uma de minhas pinturas, preferiam contar comigo em suas recepções.

O fato de ter me casado com Osvaldo serviu para projetar a nós dois ainda mais e, depois de algum tempo, eu pintava cada vez menos. Minha presença nos salões fazia com que continuássemos em grande evidência. Eu então aparecia, enquanto ele produzia sem parar.

Só muito mais tarde ficou claro que ele invejava meu talento. Como meu desempenho social ajudava a manter a fama e a riqueza para nós dois, ele não interveio para me tirar daquele caminho que acabou sendo minha perdição. Morri alcoólatra, muito jovem, depois de uma noite de excessos.

Mais tarde e já no fim da vida, quando não pintava mais e já estava cansado de tanta futilidade, ele foi se dando conta de que tinha uma grande parte da responsabilidade pela minha ruína, pelo desperdício do meu talento.

Tornou-se uma pessoa amargurada pela culpa, infeliz e sozinha, porque o seu círculo de amizades estava naqueles ambientes luxuosos, onde a decadência moral de tantas pessoas fazia com que ele se lembrasse de mim a cada instante. Com isso ele se afastou e depois de algum tempo não saía mais de casa, até que o encontraram morto em seu quarto.

Eu ainda estava em processo de desintoxicação e tratamento quando ele me encontrou na espiritualidade.

Apoiou-me por muito tempo e o quanto pôde para que eu me recuperasse, com paciência e disponibilidade.

Mais tarde, já planejando uma próxima vida encarnados, achei que tinha sido prejudicada por ter vindo de uma origem humilde e que quando conheci o luxo e a riqueza meu deslumbramento tinha me levado ao fracasso.

Osvaldo pensava quase de maneira oposta. Homem rico, com uma bela aparência, havia sido facilmente seduzido pelas facilidades que tinha encontrado em sua vida. Preferia voltar sem um nome de família, tendo que vencer pelo próprio esforço. De qualquer forma, tínhamos criado laços afetivos fortes e deveríamos nos encontrar novamente.

Depois de muitos planos, resolvemos agir como cada um já havia decidido. Eu nasceria numa família abastada e teria oportunidade de me dedicar às artes. Seria esse o caminho que permitiria nosso reencontro.

Osvaldo disse claramente que considerava um risco ter a mesma vida fácil que ele conhecera e fez de tudo para que eu mudasse de ideia, mas eu insisti.

Finalmente chegamos a um acordo. Osvaldo já seria mais velho, quando nos reencontrássemos e caberia a ele despertar minha sensibilidade, tanto para as artes quanto para os valores morais, o que acabaria por nos aproximar, apesar da diferença de idade. Sabíamos de antemão que a família em que eu iria encarnar seria contra a nossa união, mas se, para ficar com ele, eu aceitasse perder minha herança e abrir mão do destaque social em que vivia, poderíamos conquistar um grande progresso espiritual.

Vocês já sabem o que causei com minha futilidade, mas quando disse a meu orientador: 'Botei tudo a perder', ele sorriu e respondeu:

— Vocês podem ter aproveitado as lições de uma forma um pouco mais sofrida, mas nunca voltamos de mãos vazias de uma encarnação.

Agora, mais amadurecida, não conseguia entender como Osvaldo podia ter sentido alguma atração por mim naquela fase tão fútil. Entendia o desejo que uma mulher jovem e bonita podia despertar, mas ele havia ficado abalado demais para uma simples rejeição, mesmo considerando a humilhação a que o submeti. Osvaldo, generoso como sempre, argumentou que não tínhamos consciência da oportunidade que estávamos perdendo. Afinal, estávamos encarnados.

Conversamos bastante a respeito e ele disse que percebia minha desatenção quando me ensinava e tinha certeza de que apenas isso impedia que eu me apaixonasse pela arte. Estava seguro de que eu possuía um grande talento, embora não pudesse explicar por quê. Sentia também uma forte atração por mim e durante a vida toda não conseguiu me esquecer. Foram vestígios das lembranças de nossa encarnação passada que o levaram, depois de enriquecer, a comprar a mesma casa em que tínhamos vivido na existência anterior.

Resolvemos consultar o orientador que nos assistia na organização que frequentávamos para lhe falar de nossos planos.

— Se nada é por acaso — disse o orientador —, muito menos os encontros mais importantes que acontecem a cada nova vida. Nosso convívio harmoniza, afina, por assim dizer, as energias características de cada um e nos aproxima, cria condições mais ou menos fortes para restabelecermos laços, sejam eles de amor, de ódio ou aqueles que surgem pela necessidade de compartilhar experiências. É quase como um instinto que desperta fortes sentimentos e emoções. Osvaldo teve logo esse impulso porque havia assumido a responsabilidade de despertar sua sensibilidade. Mais tarde você passou a sentir a mesma coisa. Sem saber por que, lembrava-se dele com frequência, sempre com muito carinho. Se já fosse um pouco mais humilde, talvez procurasse por ele, mas o remorso pelos seus atos e a simples ideia de ser rejeitada podem ter feito com que essa possibilidade nem passasse por sua cabeça, pelo menos conscientemente.

— Eu achei que ela amava outra pessoa — disse Osvaldo com um sorriso triste. — Por isso fiquei afastado.

— E também porque teve medo de ser rejeitado novamente, não é? — disse o orientador.

Minha vaidade tinha sido uma das razões de nosso fracasso. Precisava aprender a lidar com isso e pedi para ser bela ainda uma vez. Osvaldo se comprometeu a me ajudar para que eu não viesse a reincidir no mesmo erro, usando a aparência física para satisfazer meu orgulho e, resolvemos que, tanto ele quanto eu teríamos origem humilde. Nossas vidas seriam dedicadas à arte. Viveríamos a chama, os sentimentos, a paixão, enfim.

Dessa vez iríamos nos entregar à sensibilidade da maneira mais completa.

Estávamos eufóricos! Reencontrar a capacidade de criar! A ideia nos encantava e mal podíamos esperar a hora. Começaríamos juntos, dessa vez, e confiávamos um no outro, o que nos enchia de esperanças.

Mais uma vez o orientador nos aconselhou para que detalhássemos mais cuidadosamente os nossos planos.

— Não esqueçam que nosso aprendizado está em vencer as dificuldades, em superar obstáculos — disse. — Não vi, em seus planos, outro desafio que não fosse aprender a conviver com a beleza física sem se prejudicar.

— Mas nós escolhemos uma origem humilde — respondi.

— Agora, que a riqueza já não representa mais um grande atrativo — observou ele.

Osvaldo e eu nos olhamos decepcionados. A simples ideia de não podermos reencarnar como tínhamos planejado nos deixava completamente frustrados.

— Não podemos fazer alguma coisa para termos sua permissão? — perguntou ele. — Queríamos tanto essa oportunidade!

— Vocês vão tê-la. É que consideramos o planejamento uma forma de aprender. É uma prática que não só nos ensina a conhecer melhor a humanidade, de modo geral, como também a nós mesmos. É claro que não encontrarão nessa próxima vida apenas os obstáculos que tiverem planejado.

Temos sempre mais a aperfeiçoar do que já admitimos, muito mais a aprender do que se possa imaginar."

Sérgio a interrompeu.

— Antes que nos seja contada mais uma etapa da experiência de nossa irmã Juliana, eu gostaria de fazer uma avaliação do que ouvimos. Ou será melhor fazermos isso em nossa próxima reunião?

— Meu nome é César e sou um espírito em evolução.

Era o primeiro a se manifestar depois que Sérgio abriu os trabalhos.

— Aparentemente nossa irmã Juliana, Osvaldo e Pedro consideraram sempre mais importante sua evolução como artistas, deixando em segundo plano outros aspectos muito mais importantes, pelo menos no meu ponto de vista. Os orientadores não se preocuparam com isso e nem mesmo fizeram qualquer comentário a respeito. Por quê?

Foi Álvaro que tomou a palavra.

— Já me apresentei antes. Meu nome é Álvaro e sou um espírito em evolução. Se meu irmão Sérgio permitir, eu gostaria de responder a essa pergunta.

Sérgio sorriu e ofereceu-lhe um lugar à mesa.

— A pergunta é muito interessante e será necessário começarmos por outro assunto, ou seja, pelo que se refere às limitações da vida encarnada.

"Como podemos observar, temos, em nossa assistência, pessoas que viveram em vários países, que falaram línguas completamente diferentes durante toda sua vida. No entanto aqui, na vida espiritual, nós nos comunicamos perfeitamente. Mesmo as palavras que possam ter significados bem diferentes, segundo seu uso, são compreendidas conforme a intenção de quem fala. Sabem por quê? Aqui, nós transmitimos a essência de nossos pensamentos, aquilo que sentimos. A dificuldade maior de comunicação ocorre quando estamos encarnados.

"Nosso aprendizado — e consequentemente nosso progresso — depende fundamentalmente da troca do saber, da avaliação, do aprendizado de novos valores morais e éticos. Mesmo aprendendo pela observação, aproveitamos bem mais por intermédio da comunicação com nossos irmãos, companheiros no caminho do progresso.

"Quando encarnamos, nosso perispírito é ligado a um novo corpo desde o momento da fecundação. A partir daí, a ligação, o laço de energia psíquica que nos liga a esse corpo vai se tornando mais forte a cada dia. À medida que o organismo em formação vai se desenvolvendo, a energia de nosso perispírito vai fluindo para ele, num processo gradativo de transferência e adaptação que só será concluído muito depois do nascimento. É preciso compreender que o corpo não representa uma roupa que envolve completamente o espírito. Esse corpo é apenas a sede dos nossos sentidos, quando ele está acordado. Contando apenas com o que foi gravado na memória da vida material em que se encontra, o cérebro será a ferramenta de que o espírito irá dispor para processar e armazenar dados, para deduzir, aprender, ensinar e se comunicar.

"De certa forma acontece como se guardássemos nosso conhecimento em dois recipientes diferentes. Quando o corpo material está acordado, o espírito dispõe do que está armazenado no cérebro. Quando ele dorme, tem algum acesso ao conhecimento maior, ao que está registrado na lembrança de algumas vidas anteriores. É quando nos vêm intuições e ideias que nos parecem brilhantes, no momento em que acordamos.

"Como vocês podem imaginar, o que é mais sutil, como a sensibilidade, a essência dos nossos sentimentos, não será transmitida com facilidade. A língua que aprendemos, os gestos que costumamos fazer, não irão exprimir com facilidade tudo o que desejamos, o que queremos comunicar.

"Como já vimos, nossa evolução depende muito dessa comunicação. É a partir daí que avaliaremos o artista.

"Que pessoa sensível, em sua vida terrena, não se emocionou com uma música, com uma pintura ou qualquer outra forma de arte? Será por que o artista tem um tesouro maior de conhecimentos, dispõe daquela chama divina numa quantidade maior? Não acredito. Um bom instrumentista tocará a música genial de um grande compositor e emocionará a todos como os que a ouviram pela primeira vez, tocada pelo autor. A magia da arte está no fato dela representar outra forma de comunicação, na capacidade que tem de transmitir os sentimentos de um modo menos convencional, porém, muito mais eficiente. O artista dá e recebe, ao mesmo tempo. Simplificando, ele é capaz de se comunicar em outro nível.

"Quando uma pessoa dispõe deste recurso, geralmente se apaixona pela arte, a não ser que, pelo estágio evolutivo em que se encontre, valorize mais o gozo material. É esse o valor da arte. Por ser um meio de comunicação muito mais eficaz dos sentimentos, ela representa um instrumento de evolução inestimável, tanto para o artista quanto para a humanidade, de modo geral. Não deve e não pode ser posta de lado. Você compreendeu, César?"

— Sim, meu irmão. Obrigado.

— Mais alguma dúvida? — perguntou Sérgio.

Como ninguém se manifestasse, ele agradeceu pela participação de Álvaro e dirigiu-se a Juliana, com um sorriso.

— Estamos ansiosos para continuar a ouvir a sua história, minha irmã.

"Já vivia minha nova experiência encarnada há algum tempo e desde muito cedo eu só pensava em desenhar.

Na escola, por exemplo, quando a professora, de pé e emocionada, declamava um poema, gesticulando muito, eu não ouvia mais o que ela dizia. Era seu bailado que me encantava, a maneira como se utilizava do próprio corpo para transmitir o que sentia. Algumas vezes eram os seus braços que falavam, magicamente, sinuosos e ilimitados em suas possibilidades, como o pescoço de um cisne. Eu então a desenhava, concentrada na tentativa de transmitir aos seus braços todo aquele movimento. Naturalmente, quando me perguntavam alguma coisa sobre o poema, eu não sabia responder. Acontecia a mesma coisa com a música — e eu adorava música! Só que, quando ela me emocionava, minha mente evocava formas e eu queria colocá-las no papel. Só a muito custo consegui concluir o aprendizado básico.

Meus pais consideravam minha paixão pela pintura uma ideia fixa e quando pedi que me comprassem material de desenho, recusaram-se, por mais que eu insistisse. Era natural, agora eu sei disso. Os tempos eram difíceis e o dinheiro mal dava para nos alimentar. Eu ficava frustrada, mesmo sabendo de suas razões. Então procurava os melhores pedaços de carvão entre as cinzas do fogão, antes que minha mãe acendesse o fogo pela manhã.

Desenhava em papéis de embrulho e até em pedaços de caixas de papelão, mas o carvão se soltava com facilidade quando a superfície era lisa.

Havia um senhor que eu encontrava sempre pintando nos recantos do rio e eu adorava ficar de longe, apreciando seu trabalho. Parecia mágica. Quando me aproximava, a tela era apenas uma confusão de manchas, feitas com pinceladas vigorosas. Se me afastasse, porém, ela deixava de ser uma superfície, as figuras do primeiro plano pareciam saltar em minha direção e o fundo se perdia na distância. Eu achava que seria capaz de dizer se a água do rio estaria fresca porque, certamente, eu molharia minhas mãos, se pudesse tocar naquela tela. Como eu queria saber pintar assim!

Passei a ir lá com mais regularidade depois que ganhei um presente fantástico. Um homem estava colando cartazes na rua e, quando restavam alguns para que terminasse, o balde de cola entornou. Com muito custo consegui conter o riso quando ele descarregou sua raiva chutando o balde. Depois ele olhou em volta, como se procurasse alguma coisa e encaminhou-se para uma grande lata de lixo, perto de onde eu estava. Imediatamente perguntei: 'O senhor vai jogar fora esses papéis?'

Pouco depois eu saía dali radiante. Partindo as folhas ao meio, eu poderia prendê-las a uma prancha de papelão duro que guardava em casa e teria como desenhar por muito tempo."

Agora Juliana falava automaticamente, quase sem sentir, à medida que as imagens ganhavam nitidez em sua memória e ela passava a rever o recanto, às margens do rio, o mesmo pintor trabalhando, de pé, frente ao cavalete. Ela estava mais atrás e desenhava a mesma cena que ele, mas o tinha incluído no desenho, com seu gorro preto e o cavalete.

Às vezes se aproximava e olhava a tela, mais de perto, depois voltava a seu trabalho. A frustração era muito grande. Enquanto seu desenho parecia ter sido feito num dia de neblina pesada, o quadro do pintor irradiava a luz do sol para fora da tela.

Ela escolheu vários pedaços de carvão e os testou, um a um, procurando o que fosse capaz de produzir um traço mais escuro, mas não era o suficiente. Agora ela se concentrava apenas no trabalho e nem olhava a paisagem. Com um pedaço de miolo de pão procurava retirar qualquer vestígio de carvão das áreas mais claras do desenho, para tentar aumentar o contraste, mas não conseguia ficar satisfeita. Estava prestes a rasgar tudo quando ouviu uma voz agradável às suas costas:

— O traço está muito bom, mas você não vai conseguir que o carvão seja mais escuro de que ele é, ou que o papel seja luminoso.

O velho pintor sorria para ela, enquanto mastigava um sanduíche. Tinha olhos muito azuis e o cabelo grisalho aparecia por baixo do gorro escuro.

— Vou ensinar um truque para você. Aperte bem os olhos, como se fosse fechá-los. Vai ser muito mais fácil perceber o que é mais claro e o que é mais escuro. Quer ver só? Olhe para o céu. Que cor ele tem? É azul, não é? Agora, diga o que é mais escuro: o céu, o reflexo na água da luz do sol ou o muro branco, junto à água?

— O céu é mais escuro! O muro também! — disse ela, como se tivesse acabado de fazer uma descoberta importantíssima.

— Posso? — perguntou ele, apanhando um carvão de sua mão. Passou então a escurecer toda a área do céu uniformemente. Juliana estava impressionada com a leveza de sua mão.

Como que por encanto, o desenho se modificou. Agora o sol brilhava com intensidade, refletido nas águas do rio e iluminava o muro pintado de branco. Ao mesmo tempo o céu se afastou, deixando que os ciprestes se aproximassem mais. 'Talvez estejam muito próximos', pensou, no mesmo instante em que o pintor esfregou o dedo no papel, esfumaçando levemente a imagem das árvores, colocando-as do outro lado do rio, onde estavam realmente."

"Eu estava fascinada! Não só por testemunhar o que ele tinha feito a partir de um material tão rudimentar, mas principalmente porque tinha compreendido a explicação. Tinha certeza de que poderia conseguir alguma coisa bem parecida, ou pelo menos muito melhor do que tinha conseguido antes de sua ajuda.

— A propósito, meu nome é Augusto. E o seu?

— Juliana — respondi.

— Com quem você estuda, Juliana?

— Com ninguém. Meus pais não têm dinheiro.

— Vamos fazer um trato? Você vai tentar novamente, usando esses segredinhos que ensinei e depois você me mostra, mas não vai poder copiar — dizia ele, enquanto rasgava o desenho sob meu olhar incrédulo. — Se você fizer um bom trabalho, eu posso ter uma boa surpresa para você. Está bem?

— Está! Amanhã?

— Não. Depois de amanhã. Às terças e quintas eu dou aula.

Foi assim que entrei para a Casa dos Artistas.

A primeira vez que entrei lá foi marcante. Antes de subir a escada da varanda, eu sabia que o penúltimo degrau de mármore tinha um veio mais escuro, que lá dentro iria ver uma escada em semicírculo, com corrimãos de metal dourado. Esperava encontrar os degraus cobertos por uma passadeira vermelha e isso não aconteceu, mas, olhando mais de perto, percebi que a madeira do piso tinha as marcas dos cravos que haviam prendido o tapete numa outra época.

Era um lugar lindo, com muitas salas e dois ateliês enormes, com tetos de vidro e várias cortinas logo abaixo, que eram movidas por um engenhoso sistema de cordéis, o que permitia controlar a luminosidade sobre o tablado, onde ficavam os modelos.

Naquela época eu ainda não tinha completado quinze anos. Estava deslumbrada com tudo, mas a majestade do ambiente não me oprimia, como a muitas outras pessoas. Era como se eu tivesse sido criada lá e, desde o começo, conseguia encontrar com facilidade a sala para onde queria ir, naquele verdadeiro labirinto de cômodos.

O professor Augusto era famoso e não precisava dar aulas para viver. Na verdade, não recebia nenhuma paga daquela casa pelos seus serviços, mas não era o único. Vários artistas de renome, não só desenhistas e pintores, mas também escultores e especialistas em cenários agiam da mesma forma, para que a instituição tivesse mais recursos para remunerar os outros professores, para comprar material, contratar modelos e, principalmente, para acolher mais alunos.

Foi lá que reencontrei Osvaldo. Chamava-se João, agora. Tinha a aparência tão simples quanto seu nome. Não era propriamente feio, mas de algum modo passava despercebido. Um pouco magro e baixo, sua pele escura fazia supor uma ascendência árabe e alguns colegas o discriminavam por isso. Mesmo assim, quando nos olhamos pela primeira vez, ele sorriu e eu sorri também. Era como se eu tivesse, ao mesmo tempo, duas certezas completamente opostas. A primeira, de não o conhecer, de nunca tê-lo visto. A segunda, de que nos conhecíamos desde sempre. Tornamo-nos bons amigos a partir do primeiro dia.

Minha família não tinha ficado nada satisfeita com o rumo que eu tinha dado à minha vida e meu pai reclamava muito. Dizia que eu deveria ajudar minha mãe no trabalho da casa, que não era justo deixá-la com toda aquela carga e começou a fazer pressão para que eu deixasse a Casa dos Artistas. O professor Augusto acabou sabendo, depois que me encontrou encolhida num canto do estúdio chorando baixinho. Com aquele mesmo sorriso de sempre e depois de me fazer contar a razão de tanta tristeza, disse que ia falar com meus pais e acabou convencendo-os a conhecer a *Nossa Casa*, como dizíamos.

Mandou seu coche ir apanhá-los e, no meio da visita, arranjou um jeito de dizer que tudo o que possuía havia sido conseguido com a pintura. Disse também que eu tinha um talento raro e que seria um crime desperdiçá-lo. De qualquer modo, acabou fazendo com que meus pais desistissem da ideia de tirar-me da Casa dos Artistas. Eu, no entanto, desenvolvi um sentimento de culpa. Afinal, meus pais lutavam com dificuldades e ainda tinham que gastar para me alimentar e vestir, sem que eu fizesse nada para ajudá-los. Foi isso que me levou a agir como outros colegas que conseguiam ganhar alguma coisa com sua arte. Comecei a vender meus trabalhos.

Essa nova experiência aproximou-me ainda mais de João, porque há muito tempo ele já se sustentava vendendo seus desenhos e conhecia os lugares em que os artistas podiam oferecer seus trabalhos.

Algumas vezes a vida parece repetitiva nas experiências que nos faz passar. Lá estava eu, vendendo novamente meus trabalhos na praça do cais... Só que em condições muito melhores. Dessa vez eu oferecia telas pintadas a óleo, tinha uma casa para morar, com meus pais e contava com professores que me orientavam na mesma casa que já fora minha. Além disso, os outros artistas também não pareciam estar famintos e doentes. Apenas suas roupas eram um pouco surradas, mas as condições de vida eram diferentes, para mim e para eles. Só que eu estava na matéria e não tinha elementos para avaliar como a minha vida tinha melhorado.

Agora percebo essa característica do ser humano: a insatisfação. Não importa o que tenhamos, encontramos sempre uma justificativa para desejar um pouco mais.

Com a ajuda de João, passei a vender bem meus trabalhos, pude ajudar meus pais nas despesas de casa e comprar material de pintura de melhor qualidade. Comprava também as roupas que usava e, aos dezessete anos, considerava-me completamente independente. Um dia, movida por um impulso, comprei uma tela bem maior que a altura de um homem. Alguma coisa me dizia que, nela, eu faria a pintura que me tornaria famosa.

Como nós somos tolos nessa idade! Eu tinha onde morar, contribuía nas despesas de minha casa com muito pouco e pensava estar preparada para superar qualquer obstáculo na vida!

João e eu namorávamos há algum tempo. Estávamos sempre juntos, nossos quadros passaram a ser vendidos por melhores preços e algumas vezes éramos até contratados para pintar alguns retratos. Vivíamos razoavelmente bem e planejávamos até nos casar. Afinal, eu tinha completado dezoito anos.

Tínhamos saído para vender nossos quadros, como sempre. Mais tarde, quando chegamos de volta à Casa dos Artistas, disseram-nos que a guerra havia começado. Nunca poderíamos imaginar que isso fosse interferir tanto em nossas vidas.

Pouco tempo depois o governo ocupava a Casa dos Artistas e a transformava num hospital. Era como se o chão se abrisse a nossos pés. Afinal, João e vários outros pintores moravam lá.

O professor Augusto recebeu-os em sua casa e os acomodou numa construção à parte, separada do prédio principal, um ateliê que ele não usava mais desde que resolveu pintar apenas ao ar livre e com luz natural.

Aparentemente o lugar tinha conhecido dias de glórias, com seu piso de mármore e um grande lustre de cristal. Seria talvez onde o professor organizava suas exposições em outros tempos, mas agora estava transformado num depósito onde ficavam guardados vários quadros de uma fase que ele considerava superada.

Estávamos esvaziando o cômodo e ele nos orientava, dizendo o que deveria ser guardado e o que poderia ser jogado fora.

Havia quadros belíssimos que ele deixava de lado e dizia: 'Se vocês quiserem, podem aproveitar para pintarem por cima. Se não, desmontem as molduras e os bastidores para que ocupem menos espaço. Afinal, o cômodo é pequeno e vocês têm que arranjar um jeito de poder pintar aí dentro.'

Quando acabamos a arrumação trocamos um olhar de culpa. Estávamos nos considerando verdadeiros vândalos, mas pelo menos tínhamos onde ficar e como pintar.

Apesar das recomendações do professor, não tivemos coragem de desmontar ou jogar fora a maior parte dos quadros. Aproveitando que o teto era muito alto, construímos uma estrutura elevada com a madeira de um velho tablado e de alguns bastidores das telas desmontadas. Era uma espécie de jirau. Debaixo dele colocamos as camas e penduramos, em seu limite, uma cortina velha, separando os ambientes.

Depois de arrumado, o ateliê não parecia tão pequeno. O teto e as paredes estavam em bom estado, ainda que precisassem ser pintados, mas o piso e o grande painel de vidro, na parede lateral, só precisavam de uma boa limpeza.

Quem nunca viu seu país devastado por uma guerra não pode imaginar o que isso representa. Não estou falando de uma guerra distante, da qual só temos notícias, ou do campo de batalha e das mortes violentas acontecendo ao nosso lado. Não vivi nenhuma dessas situações. Estou falando da própria sociedade, da dificuldade de conseguir um trabalho que garanta nosso sustento depois de tanto esforço para nos tornarmos bons profissionais, estou falando do medo de uma invasão.

A exemplo do professor Augusto, minha família resolveu viajar para o interior, pois falavam que a pequena propriedade de meus pais ficava no caminho obrigatório para as tropas, no caso de invasão. A qualquer momento a região poderia se tornar um campo de batalha.

Minha família fez de tudo para que eu fosse com eles quando partiram. Iriam trabalhar na lavoura de uns parentes, num lugar afastado, mas eu não quis acompanhá-los. Não estava acostumada àquele tipo de trabalho e acabaria representando mais um peso que uma ajuda, mas na verdade o motivo principal era João. Estávamos muito apaixonados.

Quando eles partiram, eu me mudei para o pequeno ateliê que, carinhosamente, passamos a chamar de 'Nossa Pequena Colônia'.

Passamos a pintar cartazes, a desenhar retratos nos cafés e restaurantes e, é claro, a vender nossa arte na pracinha do cais. Ganhávamos pouco, mas conseguíamos o suficiente para comprar alimentos e o combustível da lareira para enfrentarmos o frio.

Embora fosse nos restaurantes e bares que eu conseguia mais dinheiro, desenhando retratos a creiom, eu não gostava de trabalhar lá. Os homens me assediavam e algumas vezes eram grosseiros, mas acabei descobrindo uma forma de me ver livre deles. Quando me convidavam para fazer retratos em suas casas, ou para uma taça de vinho, respondia que gostaria muito, mas que eram muito rígidos com o horário, lá no sanatório, e também não me permitiam tomar álcool, pelo menos até que ficasse completamente curada de minha doença. Depois, aos que perguntavam sobre minha enfermidade, respondia apenas: pulmões. Suas reações eram assunto para muitas risadas, depois que contava minhas histórias aos colegas.

Não durou muito a nossa colônia de artistas. Pouco depois Cláudio e Antônio, nossos companheiros, disseram que tinham se alistado e iriam para a guerra. Estavam tomados por tal sentimento de patriotismo que de nada valeram meus argumentos para que mudassem de ideia. Ainda tentaram convencer João, mas a minha reação foi tão furiosa que resolveram não insistir.

Quando eles se despediram e ficamos a sós, nossa única vontade era chorar.

Agora Juliana revia nitidamente a cena, João dizendo que o seu dever era ter ido com eles, que tinha sido egoísta, colocado em primeiro lugar seus interesses e não o dever.

'E como você acha que eu me senti, quando minha família partiu? Eu também achava que meu dever era ir com eles, mas fiquei.'

Eu chorava convulsivamente e quase gritava: 'Fiquei porque sabia que, se você morresse, se eu não te visse nunca mais, ia morrer também, não de forma rápida, com uma bala ou um estilhaço de granada, mas de tristeza. Não tenho medo da morte, levando um tiro ou despedaçada por uma bomba. Não é a minha morte que me faz tremer. É da tristeza que eu tenho medo, de perder a razão de viver, de já estar morta enquanto meu corpo iria definhando devagar, sem perceber que meu espírito já teria morrido.'

Ele me abraçou apertado e ficamos um longo tempo chorando baixinho. Nossos corpos eram sacudidos pelos soluços que não conseguiam controlar.

'Não chore mais! Eu fiquei. Certo ou errado, eu fiquei e foi por sua causa, foi porque eu te amo muito. Não chore!'

Aos poucos fui me acalmando. Continuávamos abraçados, com os olhos inchados de tanto chorar. Depois ficamos um longo tempo olhando um para o outro, como se assumíssemos um pacto sagrado. Então nos beijamos e fomos tomados por um desejo indescritível, como se precisássemos ter um ao outro, transformando-nos num só, mais forte e poderoso para vencer a tudo e a todos que quisessem nos separar.

Quando a chuva nos impedia de sair, trabalhávamos no ateliê. Era comum posarmos um para o outro. Eram desenhos para serem vendidos e reproduziam partes de quadros famosos. Eu tinha posado carregando uma bandeira, como no quadro de Delacroix e tinha desenhado João baseando-me em outros autores famosos. Tínhamos improvisado umas armações de madeira e cobrimos cada uma delas com tecidos finos, cada uma com uma cor. A janela às nossas costas fornecia luz natural para os cavaletes e a cor da luz que vinha do painel produzia efeitos muito interessantes. Passamos a fazer diversos estudos com giz colorido. Foi quando ficamos amigos de um velho senhor português, antigo jardineiro do professor Augusto e pedimos que posasse para nós. Nunca o chamamos pelo primeiro nome e só o conhecíamos como o senhor Sousa. Era uma figura muito interessante, tanto como ser humano quanto como modelo. Tinha barba e cabelos brancos que contrastavam com o gorro escuro de lã que usava sempre, fizesse frio ou calor e estava sempre sorrindo. Quando tinha algum tempo, passava pelo ateliê, posava para nós e tomava um copo de vinho em nossa companhia.

Além dos desenhos a pastel, retratei-o num quadro a óleo, ao ar livre, em que ele conduzia sua carroça, puxada pelo mesmo cavalo magro e velho de sempre. Tinha sido no outono e a estradinha de terra que passava por trás do estúdio estava coberta de folhas vermelhas. Por todo o carinho que tínhamos pelo senhor Sousa, nunca me esqueci daquele quadro.

Mesmo com todo o clima de guerra conseguíamos vender alguns trabalhos e o tempo foi passando. Seríamos felizes, não fossem as notícias inquietantes que tínhamos da frente de batalha. O inimigo se aproximava cada vez mais e já se ouvia, muito ao longe, o barulho dos canhões.

O senhor Sousa passou por lá, naquela tarde, para nos dar a notícia. Os russos tinham abandonado o conflito, o que significava o fortalecimento da Alemanha. Agora a invasão podia ser uma questão de tempo.

Tive um mau pressentimento quando acordei no dia seguinte e percebi que João não estava ao meu lado. Fui tomada por uma angústia inexplicável e levantei aflita, chamando por ele. Abri a porta e gritei seu nome. Só quando entrei novamente é que percebi a folha de papel em cima da lareira.

'Minha querida, perdoe-me. Faltou-me coragem para me despedir antes de sair. Sei que não teria forças para partir se você me pedisse para ficar.

Soube ontem que Cláudio morreu em combate e que Antônio está gravemente ferido. Preferi não contar a você, porque não teria como esconder a vergonha que sinto por ter ficado aqui e meus amigos estarem lutando por mim.

Quando eles foram para a guerra e eu resolvi ficar, lembro cada palavra que você falou. Que, se me perdesse, seu corpo iria definhar de tristeza, mas que seu espírito já estaria morto. Agora, se eu não partisse, seria o meu espírito que morreria de vergonha e humilhação. Apenas meu corpo estaria ao seu lado.

Você é o grande amor de minha vida e eu quero muito viver. Quero passar a vida toda ao seu lado, fazendo tudo o que estiver ao meu alcance para vê-la feliz, tendo orgulho de mim e respeitando-me.

Tenho fé em Deus que voltarei e que teremos um futuro muito bonito à nossa frente. Até a volta, minha querida.

Com todo o amor,
João'

Três meses depois de sua partida eu ainda não tinha notícias dele. Só sabia chorar. Afinal, estava sozinha. Minha família tinha viajado para longe, os colegas da Casa dos Artistas, todos homens jovens, tinham ido para a guerra e as outras mulheres tinham voltado para as suas famílias. Quando alguma coisa me dizia que ele estava vivo, eu pensava que talvez fosse o medo de tê-lo perdido que me fazia pensar assim e a fé me faltava.

No começo eu sobrevivi com a venda dos trabalhos que tínhamos feito nos dias de chuva, mas depois me forcei a pintar, para manter a mente em alguma coisa que não fosse angústia e desesperança. Aos poucos a inspiração foi voltando, logo estava produzindo novamente e o tempo foi passando.

Um dia resolvi pintar os vidros do painel com uma tinta verde bem escura, mas transparente. Logo o ateliê ficou tomado por uma luz agradável e repousante. Meu cavalete estava bem próximo à janela da parede oposta ao painel e por ela entrava a luz natural de que eu precisava para pintar sem que minha tela também ficasse toda iluminada pela luz verde.

Aproveitei a boa vontade do senhor Sousa, usei-o como modelo e vendi vários desenhos feitos com giz colorido.

A região próxima ao ateliê estava cada vez mais deserta, porque as pessoas foram se mudando para mais longe da área do conflito. Eu também tinha medo, mas não conseguia ir embora. Se João voltasse, era lá que iria me procurar.

Uma tarde, quando voltava do café onde costumava oferecer-me para desenhar retratos, escutei um leve ruído assim que entrei no ateliê. Tive medo, porque se comentava que assaltantes aproveitavam a fuga da população para invadir as casas. Apanhei um mastro da bandeira que tinha a ponta de metal, como se fosse uma lança e gritei bem alto, tentando fazer com que minha voz soasse firme: 'Quem está aí? Saia logo que eu estou armada!'

A cortina se abriu logo depois e apareceu um homem, jovem e que poderia ter boa aparência, não fosse o estado das roupas que usava e sua expressão de total desalento. Ameacei-o com a arma improvisada:

— O que é que você quer aqui? Quem é você?

Seu nome era Henrique e tinha desertado. Apesar de ter se apresentado como voluntário, fugiu depois do primeiro confronto com o inimigo. Disse-me que não tinha sentido medo de morrer quando viu os alemães avançarem para sua trincheira com as baionetas caladas. Contou que, quando obedeceu ao comando para se levantar e atirar, viu um soldado inimigo, muito jovem, tão próximo que seu medo era visível, a expressão de horror estampada em seu rosto ao perceber que várias armas estavam apontadas para o seu peito. Henrique não conseguiu atirar. Não conseguia vê-lo como um inimigo, mas o alemão fez fogo e o companheiro que estava ao seu lado caiu, com o rosto despedaçado. O soldado continuou avançando e gritando.

— Teria cravado a baioneta no meu peito se alguém ao meu lado não tivesse atirado. Ele foi atingido e caiu, com uma expressão de surpresa no rosto.

"Mesmo sabendo que tudo aconteceu em poucos segundos, não paro de ver a mesma cena se repetindo, como se tudo acontecesse num outro ritmo, bem mais lento. Revejo sua expressão, as sobrancelhas franzidas e o olhar de espanto, como se me perguntasse o porquê de sua morte."

Os olhos de Henrique estavam cheios d'água.

— Trabalhei com muitos colegas mais novos que eu e que deveriam ter a idade daquele soldado. Alguns falavam dos pais com saudade e carinho, outros tinham namorada ou noiva e pensavam em se casar, começar uma família... Todos tinham planos. Então chega alguém e diz: 'Aqueles são os inimigos. É nosso dever matá-los!'

— Você está com fome? — perguntei, interrompendo-o. Eu não queria imaginar aquelas cenas. Pelo menos até que João voltasse. — Quer comer alguma coisa? — insisti. Ele apenas fez que sim, com a cabeça.

Depois que comeu, eu lhe disse que dormisse no colchão que tinha sido de Cláudio, num espaço protegido por uma cortina. Não me sentia ameaçada com sua presença e dormi sossegada.

Estava chovendo muito no dia seguinte e eu não poderia sair para vender meus desenhos no café. Como sempre, aproveitaria para trabalhar no ateliê. Tinha levantado antes de Henrique e, quando ele se sentou à mesa para tomar café, eu já estava pronta para trabalhar. Pedi que não se mexesse muito e comecei a desenhar.

Tinha um rosto expressivo, de traços marcantes e a barba por fazer cobria seu rosto com uma sombra escura. Emanava dele uma energia intensa, eu podia sentir. Havia alguma coisa de familiar em sua personalidade, naquela aura, que eu não sabia identificar, mas que fui conseguindo passar para meu desenho de alguma forma, cada vez com mais facilidade. Como dizia o professor Augusto, eu estava desvendando sua alma.

No fim do dia eu tinha um bom número de desenhos para oferecer na pracinha, no dia seguinte. Estava certa de conseguir compradores.

Saí bem cedo, porque era difícil arranjar condução depois que a maioria das pessoas tinha se mudado. Indo a pé, levaria pelo menos uma hora caminhando.

Na metade do caminho o tempo começou a mudar e fiquei preocupada. Se chovesse eu poderia perder meus desenhos. Então resolvi voltar e quando cheguei ao ateliê a chuva estava começando.

Henrique se assustou quando entrei. Havia uma tina no chão e suas roupas estavam penduradas num sarrafo em frente ao fogo. Ele estava completamente nu, sentado numa banqueta e bem junto ao vitral. Fez menção de se levantar. Devia querer pegar o pano que cobria a banqueta para se cobrir, mas eu o detive. Agora a chuva caía com força de encontro ao painel de vidro, escorrendo em grossos veios. A luz, passando pela água, ganhava movimento, cobrindo seu corpo de chamas verdes, dando a impressão de que, por baixo de sua pele, as fibras de seus músculos se contraíam sem parar.

Num impulso apanhei a grande tela que tinha comprado há tanto tempo e todos os estojos de pintura. Não fiz o desenho básico usando carvão. Já comecei com tinta verde, num tom muito escuro.

Havia alguma coisa que me era familiar na cena de um homem nu, iluminado de forma contrastada por uma luz em movimento. Eu sabia o que fazer. Mais do que isso, eu sabia como transmitir aquele movimento a um desenho estático.

Era como se fosse a pintura de uma estátua de bronze, escurecida pelo tempo. Ainda assim, ninguém diria que era uma estátua. Não só o modelo estava vivo, mas a pintura também, mostrando claramente a força de seu olhar, sua chama, sua virilidade. As pinceladas grossas davam à tela quase que um relevo de escultura.

Tinha trabalhado sem parar até concluir a pintura. Não comi, não fui ao banheiro e nem bebi água. Henrique também não reclamou, como se fizesse parte integrante daquele momento mágico. Quando dei o trabalho por terminado respirei fundo, como que aliviada. Naquele exato momento a tela parou de absorver o fluxo de energia que fluía de mim.

Depois de se enrolar no pano, Henrique se aproximou e olhou o quadro por muito tempo. Quando olhou para mim, havia lágrimas em seus olhos. Não disse nada. Eu também não encontrava o que dizer. Sabia apenas que o tinha desvendado. Ele também sabia. Mais do que isso, sentia-se compreendido e aceito.

Tinha a certeza de que não seria rejeitado quando me puxou para si. Deixei-me levar com a mesma paixão que tinha me tomado enquanto pintava.

Quando acordei, no dia seguinte, o encanto havia se quebrado. Nós dois sabíamos. Nada em nossas atitudes deixava transparecer o que tinha acontecido entre nós.

— Você precisa ir embora — disse-lhe.

— Eu sei!

— Você pode usar as roupas de um amigo nosso. Ele tinha o mesmo corpo que você. Depois do café eu apanho. Estão guardadas no jirau, bem por cima do seu colchão.

— Eu mesmo apanho — falou, enquanto pegou a escada que ficava atrás da cortina. Eu acabava de botar a mesa e lembrei que deveria preveni-lo para que tomasse cuidado, porque o jirau era muito frágil.

Não tive tempo de falar. Ouvi o barulho da madeira se quebrando e quando me voltei ele estava no chão, coberto por quadros e pedaços de madeira.

Sua perna estava quebrada e ele tinha um corte profundo na testa. Estava desacordado.

Foi difícil, para mim, retirar aquilo tudo de cima dele sem ter nenhuma ajuda. Não me atrevia a procurar socorro. Ele era um desertor e poderíamos ser fuzilados se nos denunciassem.

Consegui colocar uma cama no salão e o acomodei, depois de fazer um curativo em sua cabeça e imobilizar sua perna com algumas ripas de madeira. Ele continuava desacordado.

Eu estava desesperada e não cessava de me perguntar: 'E se ele morrer?'

Henrique só voltou a si no dia seguinte. Tinha muita febre e se queixava de dores na perna. Afastei a coberta para ver como estava e fiquei ainda mais preocupada. Estava muito inchada. Afrouxei um pouco as tiras de pano que prendiam as talas e ele melhorou um pouco.

Eu não sabia o que fazer. Não podia mandá-lo embora com a perna daquele jeito e, por outro lado, se ele ficasse, seu estado poderia se agravar. Quase não dormi à noite.

Acordei sobressaltada. Alguém batia à porta.

— Quem é? — perguntei. Não sabia mais o que poderia dizer.

— É o Sousa, Dona Juliana. Eu vi pela vidraça que o jirau caiu. Alguém se machucou?

Pedi ajuda a Deus e abri a porta. O Sr. Sousa entrou e ficou olhando espantado para o homem deitado no meio do salão.

Contei-lhe tudo, menos o nosso romance da noite anterior. Depois fiquei olhando para ele, com o coração disparado.

— Sabe, Dona Juliana, meu velho pai já dizia que os homens que têm muito dinheiro sempre arranjam um jeito de mandar nos governos e que, no fim, são eles que mandam nos países. Aí, quando não conseguem resolver seus problemas, fazem uma guerra e mandam nossos moços para lutar para que possam ganhar ainda mais dinheiro. Que me perdoe a senhora, por causa do seu João, mas o meu cavalo é mais inteligente que todos esses moços juntos, que se oferecem para ir para a guerra.

Depois de botar a mão na testa de Henrique e fazer uma careta, ele perguntou por suas roupas. Quando viu que estavam limpas, apanhou-as e foi esfregá-las na lama, do lado de fora. Depois aproximou-se e perguntou a Henrique: 'Você pode me entender?' Henrique fez que sim, com a cabeça.

'Pois então vai começar a fazer de conta que não entende nem a mim nem a mais ninguém. Vou botar o senhor na minha carroça e vamos viajar até lá perto de onde estão lutando. Então eu vou encontrar o senhor caído no chão, desacordado. Vou ter que tirar a tala de sua perna, mas não tem outro jeito. O senhor passa de desertor a herói e nem volta para o campo de batalha. Os Estados Unidos entraram na guerra. Pelo jeito tudo vai acabar logo.'

Dois dias depois o senhor Sousa voltou. Seu plano havia funcionado e Henrique tinha sido levado para um hospital. Nunca mais o vi.

Como tinha previsto nosso benfeitor, o armistício foi assinado poucos meses depois. A guerra tinha acabado.

Todos os dias eu esperava que João voltasse, mas o tempo passava, eu reencontrava amigos que voltavam da guerra, mas ninguém tinha notícias dele.

Tive que voltar a vender meus trabalhos para sobreviver e passei a deixar bilhetes para ele em cima da lareira. Era sempre a mesma coisa. Abria a porta cheia de expectativas, mas o ateliê continuava o mesmo, vazio e silencioso.

Aos poucos minha esperança foi diminuindo e passei a deixar sempre o mesmo bilhete na lareira, até que um dia, revoltada, atirei-o ao fogo.

Dois dias depois, quando cheguei, ele estava lá. Usava uma bengala e tinha os olhos vermelhos de chorar. Fiquei sem ação de vê-lo assim, sem se aproximar para me abraçar. Foi quando percebi que ele havia removido o pano que cobria o quadro de Henrique.

Ele sabia. Só de olhar para o quadro, ele sabia e meu olhar confirmou tudo sem que eu pudesse impedir. Com um soluço ele apanhou sua mala e caminhou para a porta. Tentei segurar seu braço, mas ele se esquivou e saiu.

O tempo passava e todos os dias eu perguntava por ele. Diziam-me que se embriagava com frequência e que trabalhava pintando cenários para o teatro de variedades, o que era uma atividade muito aquém de seu talento. A bebida tinha feito com que perdesse o emprego de pintor de cenários do principal teatro da cidade. Eu percebia que ele estava em plena decadência, mas não tinha coragem de procurá-lo, com vergonha da minha atitude, com remorso. Sabia que ele ficaria ainda mais humilhado se fosse obrigado a aceitar minha ajuda. Eu não sabia o que fazer.

Foi na pracinha do cais que me deram a notícia. Ele tinha contraído a gripe espanhola e queriam que deixasse imediatamente o cubículo sórdido em que vivia.

Mais uma vez nosso grande amigo, o senhor Sousa, nos ajudou. Ninguém queria transportar uma pessoa contaminada com aquela doença.

João morreu poucos dias depois e, passada uma semana, comecei a apresentar os mesmos sintomas. Logo o senhor Sousa fechava também os meus olhos."

Todos estavam emocionados e em silêncio na assembleia da Casa da Esperança. Juliana enxugou os olhos.

"O quadro 'Homem Sob Luz Verde' me deixou famosa depois de morta. Representou, ao mesmo tempo, meu sucesso como artista e meu fracasso como mulher, como ser humano.

Soube, há pouco, que Henrique era o espírito da criança que abortei. Saldei minha dívida para com ele, salvei sua vida e fiz com que, dessa vez, ele se sentisse aceito.

Por isso aquela sensação de que um pouco de cada um de nós pertencia ao outro. Os laços entre nossos perispíritos não estavam de todo desfeitos. Por isso senti que poderia desvendá-lo, por isso me entreguei sem pensar, porque meu espírito queria que eu o aceitasse daquela vez."

Francisca interveio:

— Então não foi culpa sua!

— Foi sim, minha amiga. Eu agi contra meus princípios, quebrei um compromisso de honra assumido com o homem que eu amava e que confiava em mim. Por minha causa ele está até hoje em recuperação e não poderá encarnar ao mesmo tempo que eu.

Sérgio teve que intervir para que fizessem silêncio e Álvaro levantou o braço, pedindo para falar.

— Minha irmã, você está certa em dizer que tem sua parcela de culpa, embora não esteja aqui para ser julgada. Você realmente falhou quando agiu contra seus princípios, quebrando o compromisso assumido com João, mas da mesma forma que você soube lutar quando ele foi para a guerra, ele poderia ter sido mais forte e reconstruído sua vida. Foi responsabilidade dele o rumo que deu à própria vida, mesmo que a sua atitude tenha contribuído para isso.

"Veja bem o que aconteceu: você saldou uma dívida, "queimou" o carma assumido com Henrique, ao mesmo tempo em que criou outro, com João. Ele tornou-se alcoólatra, sua atitude contribuiu para isso. Cabe a ele lutar para se libertar desse vício e acredito que você possa ajudá-lo na tarefa.

"Posso dizer a você que ele já está bem melhor e até faz parte de um novo grupo desta Casa. Só não está conosco porque um encontro entre vocês, agora, traria mais dores que proveitos. Além disso, ele precisará se desintoxicar por mais tempo, para desfazer os laços com os vampiros e ficar mais preparado para sua próxima encarnação."

— Meu nome é Anselmo e sou um espírito em evolução. Queria que me explicassem o que é um vampiro. Sempre pensei que fosse uma figura de ficção.

— Chamamos de vampiro a um espírito num estágio evolutivo em que passa a suprir suas necessidades absorvendo energia de pessoas encarnadas. Em geral, o vampiro é vítima de algum vício e procura, naqueles que também são viciados, as vibrações de que sente falta. Neste caso, refiro-me aos espíritos de alcoólatras que sofrem na espiritualidade pela abstinência do álcool. Eles procuram se aproximar dos encarnados que também são vítimas desse vício e absorvem a energia psíquica desordenada que suas vítimas geram quando estão embriagadas. Procuram criar laços de afinidade e estão sempre próximos, induzindo os viciados a beber. É essa energia desordenada que os embriaga também. O assédio é muito forte e faz com que seja muito mais difícil para os que estão na matéria se libertarem do vício, principalmente porque uma exposição prolongada às vibrações desses obsessores acaba interferindo no metabolismo do organismo de suas vítimas, aumentando a dependência. Mas, se é difícil deixar o vício, por outro lado o esforço de quem consegue vencê-lo produz a energia psíquica necessária para recuperar seu perispírito e ele dificilmente será viciado numa próxima vida.

— E o aspecto do carma que ela tinha para com Henrique? Não foi a maneira de anular esse carma que causou o fracasso de João? Por que ela passou a ter um novo carma se estava anulando outro?

— Lembrem do exemplo da criança queimando a mão no fogo. As ações desencadeiam reações, consequências. Apenas isso. Sem compensações, sem julgamentos. Ela "queimou" um carma e assumiu outro. Nada mais. O que vocês precisam compreender é que um carma não é um castigo. É uma oportunidade de progresso.

— E a obra de arte, tão valorizada em nossa última reunião? Foi prejudicial a ela?

— Não foi a obra de arte que foi valorizada na reunião passada, meu irmão. Foi a otimização da comunicação de nossos sentimentos. A obra de arte é apenas o veículo. O valor verdadeiro está naquilo que transmitimos, seja qual for o veículo.

"Acho muito importante dizer a vocês que a sensibilidade representa um tesouro muito valioso, mas também muito pesado. Precisamos estar amadurecidos para podermos aproveitá-lo melhor. Não foi a arte de Juliana que a prejudicou. Foi sua falta de controle sobre a própria sensibilidade."

— Sinto um remorso muito grande, mesmo sabendo que Henrique e eu estávamos ligados por laços cármicos tão fortes — disse Juliana. — Afinal, os laços que existem entre João e eu são mais fortes ainda, são laços de amor.

Foi o fato de minha arte exaltar a aparência física, de tentar transmitir a sensualidade e de eu mesma ter ampliado a percepção da atração que Henrique exercia sobre mim — tenho que admitir que ele realmente exercia uma atração muito forte sobre mim — foi a maneira como usei minha arte que contribuiu para o meu fracasso. Dessa vez não fui vítima da minha aparência, da minha vaidade, mas ainda assim fui vítima do valor que atribuí à ela, ao perceber a atração que Henrique sentia por mim.

— Vou repetir para você as palavras de seu antigo orientador — disse Álvaro, com um sorriso amigo. "Nunca voltamos de uma reencarnação com as mãos vazias."

3º capítulo

Olavo

No início da reunião, assim que Sérgio declarou abertos os trabalhos, ouviram uma voz já conhecida:

— Meu nome é Olavo, sou um espírito em evolução e já me apresentei a vocês na segunda reunião. Acho que o exemplo de coragem da nossa irmã Juliana me contagiou. Gostaria de contar a minha história.

— Pode começar, Olavo.

— Acho que qualquer um de nós que resolva contar sua história irá começar pelo meio. Talvez a partir de uma experiência mais marcante, mais forte. Pelo menos é o que pretendo fazer.

"Foi há muito tempo, no Oriente.

Chamava-me Antor, naquela época. Antes de tudo, quero dizer que eu não tinha escrúpulos. Meu senhor, ou chefe, como queiram, também não. Ele era monge de um templo muito frequentado onde se praticava uma religião antiquíssima, uma verdadeira família espiritual em que encarnados e desencarnados eram ligados por sólidos laços afetivos. Meu senhor e todos nós, seus subordinados, éramos a exceção.

Chamava-se Anael. Era um homem rico e poderoso, embora esse poder não fosse notado por ninguém.

Começou a servir ao templo ainda muito jovem e soube ganhar a confiança de todos com muito trabalho de verdade e muita dedicação fingida. Bajulava os sacerdotes mais importantes de uma forma tão convincente que todos o consideravam um grande admirador dos membros do Conselho Maior. Sua paciência e determinação acabaram dando frutos. Depois de algum tempo, acabou sendo ordenado monge de segunda ordem.

Na prática, seu cargo correspondia ao de um funcionário administrativo que tivesse sob sua responsabilidade uma equipe encarregada de tarefas específicas. Tinha uma inteligência muito acima do normal e poderia ter apresentado um desempenho excelente em qualquer uma das áreas que chefiou, mas preferiu passar despercebido. Ainda assim foi promovido a monge de primeira categoria, o que não era comum para alguém com origem humilde. Continuava trabalhando de forma correta e eficiente, mas sem um desempenho espetacular. Só se esforçava para ser considerado por todos como uma pessoa de confiança. Sabia que, se essa fosse a opinião geral, conseguiria conquistar o que almejava, quando chegasse a hora. A guarda dos Recintos Sagrados.

Desde cedo começou a selecionar a equipe ideal entre os homens que trabalhavam sob suas ordens. Queria estar pronto quando o dia chegasse. Finalmente ele chegou.

Guardião dos Recintos Sagrados era um posto vitalício e só se aceitava que o cargo fosse passado a outro por morte, doença grave ou razão igualmente forte. Assim como aconteceu quando Tenun foi encontrado morto em seu quarto.

Seguindo a tradição milenar, o funeral de um guardião, ou de um sacerdote, durava três dias. Seria velado no primeiro, embalsamado no segundo e, no terceiro, seria colocado numa urna que, depois de lacrada, ocuparia um nicho na parede do local em que ele tinha trabalhado até o fim de sua vida. A crença era que ele iria continuar presente em espírito, protegendo e intuindo seu sucessor. Assim, quando a urna fosse colocada no nicho, a Sumo Sacerdotisa diria: "Tenun, aqui está seu sucessor, Anael. Protege-o, guarda-o de todos os males e murmura em seus ouvidos os bons conselhos para a glória desta casa." A partir deste momento Anael seria O Guardião.

Seus planos estavam meticulosamente preparados há muito tempo e nós também.

Estaria sob sua guarda a sala das dádivas. Na verdade, um monumental tesouro, porque os fiéis que tinham alcançado alguma graça doavam joias ou moedas de ouro como prova de gratidão, e essa riqueza toda era armazenada naquele porão para nunca mais ver a luz do dia.

Anael conhecia todo o procedimento. A Sacerdotisa preenchia de próprio punho um documento atestando o recebimento da dádiva e o entregava ao doador. Depois anotava num livro a descrição do objeto.

O saque começou logo. Por medida de precaução, Anael só retirava do tesouro objetos que tinham sido doados há muito tempo. Eu e seus outros asseclas levávamos o produto do roubo para uma cidade bem distante, às margens do rio, onde as joias eram desmontadas e o ouro fundido. Vendíamos tudo e aplicávamos o dinheiro conforme suas instruções. Ao fim de algum tempo ele dispunha de uma frota de barcos pesqueiros e de comércio, grandes rebanhos de camelos e de cabras, além de um sem-número de outros negócios. Logo o comércio fluvial de uma grande região estava praticamente em suas mãos.

Para conseguirmos isso, tínhamos ameaçado seus concorrentes, incendiado suas casas e barcos ou Anael os tinha esmagado com seu poderio econômico. Cada um de nós, seus asseclas, figurava como proprietário de uma parte dessa fortuna.

Apesar de termos oportunidade de nos apoderarmos de parte da riqueza, nenhum de nós ousaria traí-lo. Conhecíamos a sua impiedade e, além disso, ele tinha sabido organizar seu grupo de tal modo que não confiássemos uns nos outros. Embora não tivesse comentado com ninguém, percebi uma de suas táticas. Quando descobria que uma pessoa tinha cometido algum erro mais grave, ou uma desobediência que justificasse uma punição, chamava um seu companheiro que necessariamente estivesse a par de tudo. Ficava reunido com ele por algum tempo e só depois chamava o infrator. Assim, todos acreditavam saber quem tinha sido o delator e ele conseguia, a um só tempo, ocultar o verdadeiro informante, fazer com que não soubéssemos em quem confiar e que tivéssemos medo de planejar uma traição.

Éramos todos ricos, respeitados e temidos. Morávamos em lindas casas, sustentávamos várias amantes, mas não tínhamos negócios próprios. Anael não permitia. Assim, o tempo foi passando e chegamos à meia-idade ocupando uma posição invejável, até que chegou o dia de nossa ruína.

Duas vezes por semana Anael não dormia no templo. Retornava um pouco mais tarde no dia seguinte e ninguém sabia onde ele tinha passado a noite. Também se afastava no dia consagrado ao retiro, quando os sacerdotes saíam ainda na véspera para meditarem no deserto e só voltavam na manhã do outro dia, abatidos por quase quarenta horas sem se alimentarem e quase sem beber água. Como todos procuravam estar sozinhos, durante esse tempo, pensavam que Anael também estaria meditando. Na verdade ele estava com Laim, sua amante, numa casa confortável, discretamente afastada da cidade. Era uma mulher linda e vaidosa. Já a tínhamos visto em várias ocasiões e costumávamos levar-lhe recados ou pequenas entregas. Os outros dias em que se ausentava, porém, continuavam sendo um mistério para nós.

Certo dia um monge foi à cela de Anael e disse-lhe que Sinah queria falar-lhe. Tinha chegado ao templo um comerciante muito rico, famoso na região. Estava acompanhado de sua mulher e da filha mais velha, Samira. Pediram para falar com Sinah, a sacerdotisa.

Quando foram recebidos, explicaram que sua filha havia doado ao templo uma joia de estimação da família, que vinha sendo passada de geração a geração há mais de dois séculos. Queriam propor uma doação de maior valor em troca da devolução do colar. Sinah lembrava-se muito bem do fato.

Algum tempo atrás a moça tinha ido procurá-la para doar ao templo uma joia magnífica, um colar de ouro com pedras preciosas, no qual se destacava uma enorme esmeralda. Seu valor era incalculável.

Depois de ouvir a argumentação emocionada da mãe de Samira, explicando que aquele colar passava sempre para a filha mais velha, de geração em geração, Sinah concordou. Ficou combinado que eles voltariam quando a joia que seria doada no lugar do colar ficasse pronta. Mas não iriam encontrá-lo mais lá. Pela primeira vez Anael tinha deixado que a ganância superasse a prudência. Tinha se apoderado da joia e mandado que a vendêssemos como de costume.

Quando a sacerdotisa explicou tudo a Anael e disse-lhe que trouxesse o colar para ser devolvido, seu primeiro impulso foi argumentar contra a decisão de Sinah, mas percebeu que esta seria uma atitude suspeita. A decisão cabia unicamente a ela. Esforçou-se o quanto pôde para aparentar calma e se retirou. Deve ter sido aí que resolveu fazer de nós o bode expiatório.

Estávamos voltando de nossa viagem quando fomos cercados pela guarda do templo. Aproximaram-se e ordenaram que parássemos. Não responderam a nenhuma pergunta. Quando quiseram amarrar nossas mãos, Ronan, um de nossos companheiros, reagiu com violência. Um dos guardas atravessou seu peito com a lança e mandou que amarrassem o corpo à sela do cavalo.

Fomos levados para um lugar ermo que não conhecíamos, já perto da cidade. Fizeram-nos saltar, amarraram também os nossos pés, colocaram-nos em uma carroça e cobriram-nos com palha. Ficamos lá até a madrugada, quando partimos novamente, sem imaginar qual seria o nosso destino.

Quando o carro finalmente parou e nos tiraram debaixo da palha, vimos que estávamos no portão dos fundos do muro do templo. Havia guardas esperando por nós. Seguimos até a face externa da parede da antecâmara dos Recintos Sagrados, que era um salão semienterrado, ventilado por janelas altas, de grade. Apenas uma delas não era fixa e abria para fora, ao nível do solo, no jardim. Essa janela estava aberta e havia uma escada de madeira pelo lado de dentro. Um de cada vez, fomos sendo desamarrados e fizeram-nos descer. Mais guardas nos esperavam no salão.

Estávamos em pânico e não sabíamos o que pensar. Acreditávamos que Anael não iria nos trair. Afinal, sabíamos demais e poderíamos denunciá-lo.

Abriram a porta da Sala das Dádivas e nos fizeram entrar. Nunca tínhamos estado lá.

Era um salão enorme, repleto de arcas abarrotadas de joias e de moedas de ouro. Os nichos das paredes que não estavam ocupados por urnas mortuárias também guardavam caixas menores, cheias de joias mais finas.

Na parede dos fundos havia uma enorme estrela de Davi, colocada sobre um pano azul, os dois triângulos simbolizando a união do mundo material ao espiritual, sendo o hexágono resultante da intercessão desses triângulos a representação do templo, ou seja, o Recinto da Harmonia, onde encarnados e desencarnados conviviam. Por isso o templo tinha a forma de um hexágono.

Um dos guardas afastou a cortina que havia logo abaixo da estrela e abriu uma pequena porta, para onde nos empurraram. Dois guardas seguiram à nossa frente, levando archotes, iluminando uma longa escadaria que se perdia na escuridão à nossa frente. O cheiro de mofo era muito forte e o ar era quase irrespirável. Ao fim da escada havia outro portão, por onde entramos.

Estávamos numa sala pequena e úmida, com paredes de pedra, onde havia anéis de ferro que sustentavam vários archotes. Os guardas os acenderam e pudemos ver algumas colunas de madeira, uma pequena forja, uma tina e uma mesa rústica, com dois chicotes, uma tenaz e alguns espetos sobre ela. Assustamo-nos quando ouvimos o barulho da porta se fechando.

Enquanto um dos guardas acendia a forja, empurravam a mim e a outro companheiro em direção à parede e amarravam nossas mãos às argolas de ferro. Os outros dois tiveram suas roupas arrancadas e foram amarrados às colunas de madeira. Só então percebi que havia mais uma pessoa na câmara. Era Assef, o carrasco. Aproximou-se sem pressa e apanhou um dos chicotes. Um segundo guarda apanhou o outro e começaram a chicotear nossos companheiros com força, insensíveis aos gritos lancinantes que cessaram quando os infelizes desmaiaram, mas seus algozes não pararam logo. Pouco depois Assef, com um sinal, pediu que um dos guardas trouxesse um archote e examinou as costas das suas vítimas. Aparentemente não estava satisfeito, porque voltou a chicoteá-los onde estavam menos feridos. Finalmente deu seu trabalho como concluído, desamarraram os dois e os deixaram caídos no chão.

Então foi minha vez. Eu e o outro companheiro fomos amarrados às colunas e começou o nosso inferno. Não cheguei a desmaiar, mas não conseguia me sustentar nas pernas e recebi as últimas chicotadas pendurado pelas cordas que me amarravam. Depois soltaram nossas mãos e voltaram a nos amarrar às colunas, agora com nossas mãos às costas, amarrando também nossas cabeças, prendendo-nos pelas testas às colunas com uma tira de couro. Assef voltou sua atenção para a forja e empunhou um ferro em brasa pontiagudo. Seu ajudante fez o mesmo e aproximaram-se de nós. Gritei desesperado tentando mover a cabeça, mas não consegui e mergulhei num mar de chamas e de dor. Desmaiei.

Não sei quanto tempo depois acordei, sufocado e sentindo uma dor terrível na boca. Estava caído no chão e alguma coisa viscosa estava colada ao meu rosto. Tinha cheiro de sangue. Percebi que estava preso pelo pescoço por uma argola de ferro e que minhas mãos estavam soltas. Levei as mãos ao rosto e à boca, horrorizado. Estava cego e tinham cortado minha língua. Tornei a desmaiar.

Não sei por quanto tempo fiquei desacordado, revendo as cenas de nosso martírio como num horrível pesadelo. Só sei que, quando acordei, estava sendo carregado para um local aberto, possivelmente a praça pública onde executavam os criminosos. Deixaram-me cair ao chão e jogaram água fria em minha cabeça. Recobrei-me um pouco e fizeram com que eu ficasse de pé. Sabia o que ia acontecer e me revoltei, ouvindo quando disseram nossos nomes, acusando-nos de sacrilégio e roubo. Anael tinha nos atribuído todos os seus crimes. A voz então disse que nossa pena era a morte. Agora Assef iria cravar a fina lâmina de seu punhal entre as vértebras de nossas nucas. Já tinha visto a mesma cena várias vezes. A cabeça se levantava num movimento involuntário, oferecendo o pescoço à lâmina da espada.

Acordei sem saber onde estava ou por quanto tempo tinha estado desacordado. Não conseguia compreender. Eu deveria estar morto. Senti quando Assef cravou o punhal em minha nuca. Já não estaria mais vivo quando a espada cortasse minha cabeça. Além disso, eu conseguia enxergar. De uma forma limitada, sem nitidez, mas conseguia perceber vultos, apesar da quase total escuridão. Como isso seria possível se tinham furado meus olhos com um ferro em brasa? Os vultos passavam por mim como se nem me vissem, sem oferecer ajuda a uma pessoa caída. Foi quando me dei conta que havia outras pessoas também caídas a meu lado.

— Levante-se, Antor. Temos que sair daqui — reconheci a voz de Ronan, mas ele também estava morto. Vi quando os guardas o mataram com uma lança! Esforcei-me para enxergar melhor e vi que realmente era ele e que agora chamava pelos nossos outros companheiros. Eram eles que estavam caídos a meu lado.

— Você está morto! — disse eu, olhando para Ronan. Só então percebi que podia falar, ainda que minha boca doesse horrivelmente.

— Também não consigo compreender, mas temos que fugir. Eles estão vindo.

— Olhem! Eles já estão acordados — disse uma voz. — Vamos! Agora é a nossa vez!

Mesmo sentindo dores no corpo todo, corremos desenfreadamente, mas acabaram conseguindo nos cercar. Era como se várias lâminas traspassassem nosso corpo, mas não morríamos. Sentíamos a dor, ouvíamos as gargalhadas e os insultos.

"Eu estava no barco que vocês incendiaram!", gritava um, enquanto torcia a lâmina cravada em meu peito.

Nosso martírio não cessava e nossos adversários pareciam incansáveis. Embora parecesse impossível, passávamos agora por sofrimentos ainda maiores que os da câmara de torturas. Queríamos morrer, mas nem isso acontecia.

"Estou no inferno" — pensei. De repente ouvimos uma voz autoritária e potente:

— Parem, idiotas! É Anael que nós queremos! Precisamos de aliados, não de outros inimigos.

— Mas incendiaram meu barco e eu estava dentro! Morri queimado — disse um deles.

— Fiquei na miséria por causa deles. Fui apanhado roubando comida e me mataram — disse outro.

— Foi Anael que fez tudo isso, vocês não entendem? Eles fizeram o que Anael mandou. Foram traídos e querem a vingança tanto quanto nós! Precisamos deles para conseguir atingi-lo. Deles e de quantos mais possamos conseguir. Esqueceram como Anael é protegido?

Passamos por um longo período de recuperação do que pensávamos ser nosso corpo. Saman, a pessoa de voz autoritária, explicou-nos que estávamos realmente mortos, mas tínhamos um corpo espiritual semelhante àquele que abandonamos com nossa morte.

— Estamos cuidando para que vocês se recuperem o mais depressa possível. Vocês são muito importantes para nossa vingança, então colaborem conosco e logo poderemos cuidar de Anael.

Passou a levar-nos com frequência ao lugar onde os encarnados abatiam gado para vender a carne. Lá, um amigo seu, a quem chamavam de Toum, o Boi, transformava a energia vital que se esvaía dos animais em alguma coisa que ia recuperando nosso corpo espiritual. Também era Toum que nos alimentava. Em troca, prestávamos a ele certos favores, como proteger algumas pessoas encarnadas que, por alguma razão, tinham inimigos espirituais. Era uma tarefa simples, parecida com a dos guardas do templo que ficavam no jardim das oferendas para impedir que os andrajosos apanhassem os alimentos deixados lá para as divindades. Mais tarde compreendemos que podíamos nos alimentar daquelas oferendas, embora não entendêssemos bem como aquilo era possível. Só precisávamos estar lá no momento em que o alimento era oferecido, ou não conseguiríamos tocá-lo.

Algumas vezes os fiéis deixavam os alimentos como agradecimento por alguma coisa que tinham conseguido. Tínhamos então que esperar, para ver se não aparecia alguém que teria direito à dádiva. Se esse espírito não aparecesse, podíamos comer à vontade. Mas na maior parte das vezes a oferenda era acompanhada por um pedido. Quando isso acontecia, nós podíamos comer logo, embora sempre fôssemos aconselhados a prestar atenção ao pedido e a tentar ajudar, na medida do possível. Quem tomava conta do lugar e dava esses conselhos era um velho vestido de monge. Não tinha uma guarda pessoal nem usava armas. Ainda assim ninguém ousava desobedecê-lo.

Algumas vezes experimentávamos um sentimento de solidariedade por alguns fiéis e umas poucas vezes chegamos a nos organizar para ajudá-los, conseguindo algum êxito. Sentimos orgulho quando mais tarde ouvimos os agradecimentos e pudemos comer nossa oferenda sem ter que disputá-la com ninguém.

Embora eu tivesse passado muitos anos de minha vida trabalhando naquele templo, não acreditava em nada que ensinavam lá. Para mim, todos eles não passavam de um bando de fanáticos que levavam a vida rezando e juntando uma fortuna para os mais inteligentes tirarem vantagem.

Agora via que estava errado. Afinal, tinham cortado minha língua e eu podia falar. Tinham furado meus olhos e eu podia ver. Mais importante, eu tinha minha cabeça sobre os ombros.

Foi por Saman que ficamos sabendo o que tinha acontecido. Anael tinha mandado nos prender no caminho de volta. Já sabia o que fazer e onde nos encontrar. Quando nos apresentou ao conselho disse já ter nossa confissão. Por isso tinham continuado a nos chicotear depois de desmaiados. Precisávamos estar com um aspecto convincente. Arrancaram nossas línguas para que não o denunciássemos e furaram nossos olhos para que não o apontássemos. Falou que, por causa da joia roubada, Sinah havia feito um levantamento cuidadoso do tesouro, conferindo os livros de registro. Concluiu que tinha sido roubada uma fortuna incalculável e informou ao Conselho Maior.

Antes de ser chamado para prestar esclarecimentos, Anael foi prevenido por um dos componentes da guarda do Conselho. Era o mesmo comparsa que auxiliara Assef em nosso martírio.

Sinah estava reunida com o Conselho Maior quando um dos guardas entrou dizendo que Anael pedia uma audiência. Quando foi recebido seu plano já estava traçado. Informou que uma fortuna havia sido roubada e que nós, seus asseclas, éramos homens riquíssimos, donos de verdadeiros impérios nas cidades do Sul graças ao sacrilégio de saquear as dádivas sagradas do templo. Tinha feito uma pesquisa cuidadosa e trazia a relação dos bens dos criminosos. Todas aquelas riquezas passariam a pertencer ao templo e seriam administradas por quem Sinah determinasse. Tinha a esperança de ser escolhido por ela, mas isso não aconteceu.

A sacerdotisa não acreditava nele. Estava mesmo convencida da culpa de Anael, mas não tinha como provar. Mandou então que o seguissem onde quer que ele fosse e passou a fazer levantamentos frequentes na Sala das Dádivas.

Praticamente toda a fortuna de Anael tinha se perdido. Praticamente, mas não toda. Ainda dispunha de negócios menores mais ao Sul e guardava uma pequena fortuna em joias na casa de sua amante.

Como sabia que era vigiado, mandou que prevenissem Laim, dizendo que não poderia vê-la por algum tempo e que ela não deveria procurá-lo. Sua amante tinha dinheiro suficiente em casa para não precisar se expor.

Sali, o servo incumbido por Anael de ir à casa de Laim, foi seguido, mas a sacerdotisa deixou para verificar mais tarde quem morava lá e acabou esquecendo.

Ainda assim ele continuava se ausentando do templo nos *dias misteriosos*, como costumávamos chamar naquela época. Era seguido, é claro, mas a informação que chegou a Sinah era que ele pernoitava na casa modesta de sua irmã, mulher viúva e muito doente. Era pouco mais que um casebre e ficava aos pés da montanha.

— Na verdade — disse-nos Saman — é o covil de Rannah, a bruxa. Sob sua cabana existe um túnel que leva a uma caverna na montanha, onde fazem as reuniões. Conhecemos bem o lugar, mas lá é impossível atacá-lo. Um verdadeiro exército protege o local. Seríamos esmagados se emitíssemos uma só vibração de antagonismo.

— E no templo? — perguntei.

— Também é protegido. Não conseguimos entrar para agredi-lo, mas ainda assim a bruxa consegue prejudicar Sinah. Ela está ficando doente.

— Como conseguem fazer isso?

— Não são espíritos que se aproximam dela. São vibrações. Usam o corpo de Anael. Ele é o portador das vibrações que são agregadas ao seu perispírito. Como Sinah o odeia, cria a sintonia necessária e Anael transmite a ela toda a carga que transporta. Quem odeia se torna um alvo fácil. Como as vibrações que Anael leva não têm muita afinidade com as que ele transporta, tendem a se dissipar em pouco tempo. Ele sabe disso e tem o cuidado de encontrá-la assim que volta de suas reuniões. Sempre que possível ele a provoca, embora se cuide para evitar vibrações próprias de ódio. Caso contrário correria um risco muito grande de absorver parte do que carrega. Seu intento é fazer com que ela se irrite e crie sintonia com as vibrações que ele leva. Isso facilita o ataque. Mas agora eu acho que vamos conseguir evitar que essa situação continue — respondeu Saman.

— E que é que nós temos a ver com a saúde de Sinah? — perguntei.

— Podemos atingi-lo por intermédio dela. Temos em comum o ódio por Anael. Por isso devemos protegê-la e é aí que vocês vão participar.

Saman explicou que muitos espíritos mais atrasados se sentiam atraídos pela vibração da caverna da bruxa. Vários deles se aproximavam nos dias de reunião. Como o grupo de Saman tinha tentado entrar lá para agredir Anael, seriam reconhecidos e não conseguiriam entrar. Nós cinco, não.

Nossa missão seria descobrir como eles atuavam sobre Sinah. Se conseguíssemos, iríamos buscar a melhor maneira de protegê-la e, se possível, fazer com que o mal se voltasse contra Anael. Embora tivéssemos medo, não relutamos em aceitar.

— Vocês entrarão lá com curiosidade, como todo mundo — disse-nos Saman. — Isso é importantíssimo. Se não conseguirem dominar o sentimento de ódio, iremos fracassar. Será melhor nem tentarem. Então, o que vão decidir?

A entrada da caverna estava cercada por espíritos com um aspecto assustador. Estávamos com muito medo, mas nos concentramos em imaginar como seria a caverna, as paredes e coisas assim. Ninguém nos impediu de entrar. Estavam presentes apenas quatro pessoas encarnadas. Rannah, a bruxa, um jovem casal de ajudantes e Anael.

Estávamos horrorizados com o que víamos. Quando Rannah iniciou a invocação dos espíritos, começaram a surgir seres assustadores de uma fenda no chão. Pareciam ser uma mistura de seres humanos e animais semelhantes aos que já estavam no local, para serem sacrificados. Agora a bruxa estava cercada por eles e, a um sinal seu, o ajudante colocou um bode sobre uma mesa de pedra, enquanto a moça passava às suas mãos a faca do sacrifício. Num só golpe ela cortou a jugular do animal e todos os espíritos que estavam a sua volta se atiraram sobre ele.

Quando o corpo já estava inanimado, os seres se afastaram e formaram um semicírculo em volta da mesa. Logo colocaram outro bode sobre a mesa e começaram a espetá-lo e a queimá-lo com um ferro em brasa. Quando o animal gritava, no auge do sofrimento, ela o degolou como fizera com o outro. Dessa vez os espíritos ficaram estáticos. Rannah deu um gemido e deixou cair a faca. Então uma névoa escura começou a surgir, tanto dos espíritos que participavam do ritual quanto à volta do animal que agonizava. Aos poucos aquela espécie de fumaça foi se concentrando em volta de Rannah e nós víamos que a imagem da bruxa ia ficando imprecisa, às vezes com a aparência humana e, de repente, assumia a forma de um bípede com cabeça de bode. Os ajudantes então seguraram Anael e o levaram para junto da bruxa. Ela começou a passar as mãos em todo o seu corpo, no rosto e na cabeça. Aos poucos a névoa à sua volta foi passando para Anael. Ela então deu um grito agudo e teria caído ao chão se não fosse amparada por seus ajudantes. Colocaram-na em uma cadeira rústica e ela foi se reanimando aos poucos, enquanto as criaturas animalescas voltaram à fenda de onde tinham saído. O trabalho estava concluído.

Como Ronan tinha sido em vida apenas um ajudante nosso e quase não fosse ao templo, coube a ele acompanhar Anael quando ele fosse encontrar Sinah no dia seguinte. Nosso inimigo partiu antes do amanhecer. Não deveria expor aquela energia aos raios do sol.

Quando Anael chegou ao templo, Ronan já estava lá. Não tivera dificuldades em entrar graças aos conselhos de Saman. O tempo todo repetia em pensamento: "Quero ajudar e proteger Sinah."

Anael ficou no corredor que ligava os aposentos particulares de Sinah ao seu local de trabalho. Sabia a que horas ela passava por ali e não teve que esperar muito tempo. Quando ela cruzou seu caminho Anael a cumprimentou, mas com um sorriso de deboche. Foi o suficiente. Sinah o olhou com expressão de ódio e logo levou as mãos ao estômago, com uma careta de dor.

— Está sentindo alguma coisa, Sinah? — perguntou ele com cinismo.

— Alguma influência perniciosa. Vai passar.

Ronan tinha acompanhado com atenção toda a cena. A sacerdotisa tinha se irritado vendo o sorriso acintoso de Anael. Sua expressão demonstrou isso claramente e foi nesse exato momento que a névoa escura que envolvia Anael se projetou na direção de Sinah, começando a se condensar exatamente nos mesmos pontos onde tinham ferido o animal sacrificado. Quando finalmente levaram a sacerdotisa de volta a seus aposentos, Anael tinha apenas um pequeno vestígio daquela aura escura.

Ronan observou que ela não existia antes da reunião que havíamos assistido."

Sérgio pediu silêncio e falou:

— É melhor fazermos uma pausa. Há muita coisa a ser explicada e aprendida. Logo depois continuaremos, a não ser que prefiram deixar para a próxima reunião. O que vocês acham?

Todos preferiram continuar e Sérgio pediu a Álvaro que participasse da mesa.

— Alguém quer perguntar alguma coisa? — perguntou Sérgio. Várias mãos se levantaram ao mesmo tempo. Ele sorriu e deu a palavra a um dos participantes.

— Furaram os olhos deles, cortaram a língua e depois a cabeça. Quando acordaram podiam ver, falar e a cabeça estava no lugar. Por outro lado, sentiam dores na boca e enxergavam com dificuldade. Minha dúvida é que sempre pensei o seguinte: "O que acontece com o corpo também acontece com o perispírito ou não. Ou estariam completamente mutilados, quando despertassem, ou então não apresentariam nenhum vestígio do que tinha acontecido com seus corpos. Como é que isso se passa?"

Foi Álvaro que respondeu.

— A matéria existe porque a energia se modifica e se condensa. Simplificando, o espírito idealiza e atua sobre a energia para gerar ou modificar a matéria segundo sua vontade. É como se fosse criado um molde energético para que a matéria o preenchesse. É claro que estou simplificando demais, apenas para ser entendido. De qualquer forma, os corpos físico e espiritual estão intimamente ligados e o que acontece ao corpo físico se reflete imediatamente no perispírito que, no entanto, continua a ser a expressão da vontade do espírito criador. Quando o corpo morre, se decompõe. O perispírito se recompõe. Da mesma forma que um ferimento no corpo de um encarnado cicatriza depois de algum tempo, o perispírito se recompõe em quaisquer circunstâncias, num lapso de tempo que depende de vários fatores. Num momento mais oportuno voltaremos a esse assunto.

"Mas, como eu estava dizendo, o perispírito se recompõe. Então, da mesma forma que se imobiliza o braço quebrado de uma pessoa encarnada para que ela se recupere, o perispírito adormece pelo tempo necessário para que aconteça uma recuperação parcial. Como a recuperação não precisa ser completa para que o espírito possa acordar, ele também irá sentir dores onde o corpo tinha sido ferido. Exatamente igual ao nosso exemplo do braço quebrado que irá doer quando tirarem o gesso. Se não fosse assim, meu irmão, o espírito não seria imortal. Afinal, estamos eternamente ligados a um perispírito. Se ele morrer, como o espírito poderá permanecer?"

Uma moça voltou a levantar a mão e Sérgio fez sinal para que ela falasse.

— Fiquei impressionada com o que falaram de espíritos com aspecto de animais. Acho que podemos começar pelo mais simples. Por exemplo, Toum, o Boi. Ele se parecia realmente com um boi?

— Sim — respondeu Olavo. — Mas não era aterrador como os outros da caverna. Parecia mais um animal dócil.

— Acredito que você queira entender essa semelhança, não é isso, minha irmã? — perguntou Álvaro.

—É verdade. O fato de ele manipular a energia dos animais que estavam sendo abatidos não demonstra que esse era um espírito atrasado?

— Para que minha resposta possa satisfazê-la, preciso entender o que é um espírito atrasado, no seu ponto de vista. Para alguns de nós, nessa casa, ele talvez estivesse um pouco atrás, ou atrasado. Para os iluminados que nos inspiram e auxiliam, nós somos atrasados. Mas uma coisa eu garanto: ele é, assim como nós, um espírito em evolução.

A moça sorriu desconcertada e Álvaro continuou.

— Talvez Olavo não o tenha achado assustador porque Toum o estava ajudando, ou talvez porque estivessem no mesmo estágio evolutivo ou, o que é mais provável ainda, porque a vibração que ele emanava não era agressiva. O que mais assusta é a agressividade. É assustadora porque é uma força destrutiva, enquanto nosso instinto, a certeza que vem de nossa sintonia com a Espiritualidade Maior é de que o movimento do Universo, a Vontade Suprema, nos encaminha à fraternidade e à união.

"Vamos relembrar um assunto que já vimos por alto. O espírito agrega ao perispírito as energias que utiliza em suas obras, em suas idealizações. Na prática da magia, quando sacrificam um animal, pretendem absorver a energia vital que se esvai para transformá-la a seu intento. Essa transformação exige que o mago, ou feiticeiro, bruxo, como queiram chamar, absorva parte da energia que está sendo transformada. Se ele usa sempre a energia vital de um boi, como no caso de Toum, vai sofrendo as consequências dessa absorção, de sua exposição a uma energia diferente daquela que é própria ao ser humano. Essa é uma prática perigosa porque vicia. Cada vez se acentua mais a sintonia e essa energia primitiva produz sensações de força e até de potência sexual. Pode-se dizer que algumas práticas de sadismo e zoofilia, entre os encarnados, são consequência de vícios adquiridos na espiritualidade. Toum, porém, já estava usando essa energia para curar. Pode ser que, depois de algum tempo, tenha se afastado desse tipo de prática. Rannah, por outro lado, estava a caminho de se transformar numa daquelas entidades que saíam do chão da caverna. Vocês já repararam que as ilustrações dos livros religiosos que retratam o demônio o representam quase sempre como um bípede com cabeça de bode? É porque esse era um dos animais preferidos para sacrifícios.

"Algumas ilustrações dos livros de épocas medievais também representaram demônios com cabeça de porco ou de galo, outros animais muito usados em sacrifícios. Como a preocupação da igreja, naquela época, era aterrorizar a todos com o medo do inferno, preferiram adotar a cabeça de bode por ser mais assustadora."

— E como será a encarnação desses espíritos? — perguntou alguém.

— Primeiro devemos entender que a geração de um novo corpo conta com a participação de três pessoas. Dos pais biológicos e do próprio espírito que está encarnando. Embora pai e mãe forneçam os códigos genéticos e a mãe, no período de gestação, vá agregando ao feto matéria com as características da energia psíquica que lhe é peculiar, a formação do novo organismo sofre a influência do espírito que está encarnando. Vejam então como é importante que a mãe queira ter o filho: quanto maior o amor dedicado ao filho que ela espera, mais intenso o fluxo de energias benéficas o feto recebe, podendo, assim, atenuar o efeito das energias cármicas do espírito. A existência dessa vibração de amor pode fazer uma diferença enorme, porque, em casos como os de Anael e Rannah, a desorganização da energia de seus perispíritos é tão grande que poderá comprometer sensivelmente a formação do corpo físico. Há mesmo uma grande probabilidade de encarnarem com deformações, embora nem todas as pessoas que as apresentem tenham sido necessariamente praticantes desse tipo de magia.

— Queria perguntar por que as vibrações levadas por Anael deixaram tão poucos vestígios nele?

— Por duas razões: a primeira é que ele se controlava para não emitir vibrações de antagonismo, ou seja, semelhantes às que ele transportava. No momento em que Sinah se irritava, as vibrações que Anael levava tornavam-se muito mais compatíveis com as dela e passavam, então, a envolvê-la.

"Em segundo lugar, porque aquele que está no ciclo da matéria absorve muito menos energia que o desencarnado. Vamos explicar melhor.

"Como já foi dito antes, na vida material o ser humano se alimenta, nutre o corpo físico e produz energia psíquica com o auxílio do cérebro. Apenas uma pequena parte dessa energia permanece junto a ele. A maior parte será usada pelos que estão na espiritualidade, para criar e interferir no mundo material.

"Para criar e promover essas interferências, o espírito liberto agrega ao seu perispírito uma parte muito maior da energia que utiliza quando em sua fase de encarnado. Com o passar do tempo, seu corpo espiritual vai se tornando cada vez mais denso, até que apresente as características adequadas para a materialização de um novo corpo, ou seja, a densidade de energia necessária. É a hora de reencarnar.

"Vejam que bênção representa a reencarnação, uma vez que, com o desgaste do corpo físico, se extingue grande parte da energia que prejudicava o espírito encarnado. Afinal, essa energia teria sido a matéria-prima consumida para plasmar um corpo deformado ou deficiente.

"Quando alguém deixa a matéria, carrega apenas vestígios da energia psíquica que produziu na vida material. Como seu perispírito estará, pelo menos parcialmente, abandonando a forma antiga de um corpo que já está se decompondo, ele, então, receberá um fluxo energético com as mesmas características daquelas que gerou, quando estava na matéria. É a isso que se deve o aspecto das entidades que Olavo viu na caverna. É claro que a influência da energia que geramos só irá influir na aparência do corpo físico depois de uma nova encarnação. Então, podemos concluir que as grandes transformações na aparência de Anael e de Rannah teriam ocorrido depois, primeiramente na vida espiritual e, mais tarde, no corpo em que reencarnaram."

A atenção de todos se voltou para Olavo, como se esperassem que ele respondesse, mas foi Sérgio que falou.

— Acho que seria melhor recomeçarmos de onde paramos.

Olavo então continuou:

"Assim que Ronan saiu do templo nós nos reunimos para decidir o que fazer. Como sempre o plano foi obra de Saman e, depois de acertarmos os detalhes, eu segui para a casa de Laim. Minha missão era fazer com que ela encontrasse as joias que Anael guardava em sua casa e fazer com que sentisse vontade de usá-las. Não foi difícil. Ela estava entediada e contava apenas com a companhia de sua serva, uma mulher meio abobalhada. Não tinha nem como conversar.

Minha primeira providência foi encontrar as joias. Afinal, eu tinha estado na Sala das Dádivas e, embora fosse muito doloroso para mim, evoquei aquelas imagens. Logo meus olhos se voltaram para uma jarra colocada num canto, sobre um pedestal de madeira. Eu já tinha visto outras semelhantes, nas salas do templo. De alguma forma que não podia explicar, sabia que as joias estavam lá. Agora precisava fazer com que ela as encontrasse.

Primeiro olhei fixamente para a jarra e, depois de me concentrar, sussurrei ao seu ouvido que deveria haver alguma coisa de interessante dentro dela. Laim chegou a olhar naquela direção, mas não se moveu. Eu já estava aflito sem saber o que fazer quando me lembrei que, há muito tempo, tinham me encarregado de levar à casa dela um pequeno frasco de perfume, uma essência rara que a deixou encantada. A partir desse dia, Anael sempre nos mandava trazer um frasco quando voltávamos de nossas viagens ao Sul. Como já fazia um bom tempo que nossos furtos tinham cessado, ela não deveria mais dispor do perfume. Foi quando descobri que não é assim tão difícil induzir alguém a sentir um determinado odor. O olfato é um sentido muito sutil. Tão sutil quanto o perfume.

Durante algum tempo fiquei tentando lembrar as características do perfume. Eu costumava cheirar o pacote, antes de entregá-lo. Era bem complexo, como uma mistura do cheiro de fruta madura, talvez melão, e uma flor. Havia também um leve toque adocicado e essência de sândalo, mas faltava mais alguma coisa. Quando olhei para a cesta de frutas sobre a mesa, encontrei. Limões. Havia um leve toque cítrico, como o cheiro da casca de um limão.

Fiquei tão distraído lembrando como era o perfume que tinha me esquecido de Laim. Quando reparei, ela estava cheirando o ar, curiosa. Tinha dado certo!

Depois de andar pela sala, aproximou-se do vaso. Sua tampa estava lacrada com uma espécie de cera. Laim teve uma expressão contrariada e voltou à almofada onde estivera sentada. Insisti. Dizia em seu ouvido como era maravilhoso aquele perfume e que Anael deveria tê-lo escondido ali para fazer-lhe uma surpresa. Depois tinha acontecido o imprevisto que o impediu de voltar lá. "Foi por isso que ele não entregou o presente", disse-lhe. "Para que mais iria levar um perfume para a casa de sua amante?"

Finalmente ela se levantou. Apanhou um pequeno punhal e forçou o lacre. A tampa se soltou e ela enfiou o braço na abertura, retirando a mão cheia de joias belíssimas. Estava extasiada com tanta riqueza. Sua origem era humilde e nunca tinha visto nada igual. "Você vai ficar linda com essas joias!", disse ao seu ouvido. Mas não adiantou. Ela guardou tudo de volta e apanhou uma lamparina. Com ela aqueceu a ponta do punhal e voltou a selar a tampa do vaso. Talvez o medo que Anael lhe inspirava fosse maior que a sua vaidade.

Enquanto isso, Ronan se aproximou de Sinah, que dormia. Algumas entidades se esforçavam para limpar o perispírito da sacerdotisa, mas não tinham muito êxito. Ronan começou a ajudá-las e elas o olharam com alguma desconfiança. Depois, como ele estava realmente conseguindo ajudar, o aceitaram.

— Sinah, ouça! — sussurrou ele. — Anael ainda deve ter algumas joias que você e as outras sacerdotisas podem reconhecer. Deve ter presenteado alguma amante.

Porque não diz a elas para irem à grande feira, onde as mulheres exibem o que têm de mais precioso? Veja o registro das dádivas e descreva as joias mais valiosas e com desenhos originais.

Foi muito mais fácil com Sinah. Ela vivia procurando descobrir como desmascarar Anael e aceitou a sugestão de bom grado. Acordou com uma ideia excelente: iria fazer um levantamento das joias mais originais que estavam faltando e orientaria suas auxiliares para que procurassem quem as tivesse usando na grande feira.

Saman procurou Toum, o Boi. Contou-lhe tudo e ele se dispôs a ajudar, desde que não tivesse que agredir ninguém. Iríamos nos encontrar no dia seguinte, próximo da caverna da bruxa, antes da hora da reunião. Depois de tudo combinado, Saman voltou para saber como tínhamos ido em nossas tarefas. Não se decepcionou muito em saber do medo de Laim.

— Vamos voltar à casa dela — disse. — Quero que você me fale do perfume, que também me faça senti-lo. Diga como ele é!

Laim já estava dormindo quando chegamos. Fazia calor, suas roupas eram leves e revelavam toda a sua beleza e sensualidade, mas Saman não a olhou com desejo. Parecia muito concentrado, como se quisesse gravar na memória a imagem da mulher. Depois de algum tempo deu-se por satisfeito.

— Vou aos aposentos de Anael, mas você não pode me acompanhar. Ainda não tem o controle suficiente sobre o seu ódio. Quando eu sair, nos encontramos novamente. Enquanto isso diga a Ronan para voltar aos aposentos de Sinah e faça com que ela mande aumentar a vigilância sobre Anael.

Saman ficou de longe, olhando o corpo adormecido de nosso inimigo. Em seu pensamento, dizia: "Laim sente sua falta, Anael. Só vê você em seus sonhos e dorme abraçada ao travesseiro porque não pode tê-lo a seu lado, para apertá-lo em seus braços." Saman então se concentrou e o perfume suave tomou o aposento enquanto que Anael viu surgir em seus sonhos a imagem sensual de Laim. "Ninguém mais vigia você. Vá encontrá-la."

Anael acordou excitado. Precisava tê-la de qualquer maneira. Chamou um servo e mandou que preparassem um cavalo comum, de um de seus ajudantes. Não queria chamar a atenção de ninguém montando seu magnífico cavalo negro. Pouco depois saía do templo em passo lento, pelas ruas desertas.

Assim que saiu da estradinha secundária nos fundos do templo, surgiu um vulto que estava escondido nas sombras. Era Khalil, servo fiel de Sinah.

Anael tinha acordado mais tarde do que pretendia. Olhou o sol entrando pela janela e se soltou dos braços de Laim.

— Já vai embora? — perguntou ela.

— Preciso ir. Já acordei mais tarde do que pretendia.

— Chegou de madrugada, mal ficou comigo, não me trouxe nenhum presente e já vai embora?

— Eu estou quase arruinado, Laim! Você precisa compreender a situação. Não é uma coisa definitiva. Em pouco tempo as coisas vão mudar e tudo vai voltar a ser como era antes. Por enquanto não posso fazer nada. Não posso ficar comprando presentes.

— Quando é que você volta?

— Não sei. Depende. Você continua em casa. O dinheiro que mandei ainda deve durar bastante.

Saiu sem se despedir e logo entrei. Laim estava furiosa e eu não perdi a oportunidade.

"Dizer que está arruinado com uma fortuna daquelas! Ele não merece você! Ele não me merece!", repetiu ela, para minha satisfação.

"Deixar você aqui, trancada como uma prisioneira, quem ele pensa que é? Eu fico aqui, trancada, sem nada para fazer, quem ele pensa que é?", repetia.

Quando saí da casa de Laim, ela estava fechada no quarto, longe dos olhos da serva, experimentando todas as joias. As roupas que usaria no dia seguinte, para ir à grande feira, já estavam separadas.

Khalil já tinha dito a Sinah onde Anael tinha passado a noite quando ele chegou de volta ao templo. "O mesmo lugar onde Sali tinha estado", pensou Sinah. Mandou Khalil de volta, dizendo: "Quero saber quem mora lá, mas é preciso que ninguém desconfie que os estamos vigiando."

Ao fim do dia ele estava de volta. Contou a Sinah que lá morava uma mulher muito bonita, chamada Laim, e que devia ser sustentada por um homem mais velho que, até algum tempo atrás, ia visitá-la todas as semanas. Pela descrição, era Anael. "Quero apanhá-lo quando ele estiver lá!", pensou a sacerdotisa. "Mas essa mulher também deve ser vigiada."

Já esperávamos há algum tempo quando Toum, o Boi, chegou. Também entramos na caverna sem problemas, dessa vez, embora ainda faltasse algum tempo para começarem a reunião. Fomos para o local onde estavam presos os dois bodes que iriam ser sacrificados. Não havia ninguém por perto e Toum abraçou-se ao primeiro animal. Segurou sua boca fechada e começou a sugar seu focinho. O animal se debateu por algum tempo. O corpo de Toum estava envolto por uma névoa tão espessa que mal conseguíamos vê-lo. O bode, porém, estava vivo, deitado no chão, como que atordoado. Toum fez a mesma coisa com o segundo bode. Quando terminou, quase não conseguíamos perceber suas feições, tão espessa era a névoa escura que o envolvia.

— Vamos embora daqui — disse ele. — Não há tempo a perder.

Quando Ronan e Toum chegaram à porta dos aposentos de Sinah não quiseram deixá-los entrar, por causa da aparência de Toum. Ronan disse que ele era seu conhecido e que poderia curar Sinah para sempre. Acabaram concordando e eles entraram. Já era muito tarde, mas ela estava acordada, acompanhada por duas de suas auxiliares.

— Ela estava usando um dos colares. Tenho certeza — disse uma delas.

— Eu também tenho certeza — disse a outra.

Toum apontou o estômago de Sinah para os espíritos que se dedicavam a ajudá-la. Havia uma névoa escura concentrada naquele ponto, mas que parecia vir de dentro para fora. Ele então se aproximou e a escuridão que o cercava começou a passar para o corpo de Sinah. Ninguém compreendia como aquilo poderia ajudá-la, até que perceberam que a névoa escura emanada por Toum ficava apenas à volta dela e, justamente no estômago, a escuridão se dissipava como se estivesse sendo absorvida pela que agora a envolvia. Sinah então respirou fundo e sorriu.

— Suas orações estão me ajudando — disse ela às outras moças. — Já não sinto dores no estômago. Acho até que amanhã vou acordar boa. Agora vamos dormir. Não adianta ficarmos acordadas até mais tarde. Anael só voltará de manhã, como sempre.

— Ela está certa — disse Toum. — Acordará muito melhor, mas ficará tonta por algum tempo.

Quando saímos, Toum, o Boi, ainda conversava com os espíritos protetores do templo e o líder do grupo tentava convencê-lo a se juntar aos que lá trabalhavam. Nunca mais o vimos.

Anael estava nervoso. Alguma coisa tinha saído errada na caverna de Rannah.

Logo depois de abater o primeiro animal, a feiticeira tinha gritado como louca, dizendo que não era culpa sua, embora não falasse olhando para ninguém. Por fim, lançou alguma coisa à fogueira, houve uma pequena explosão, com muita fumaça, e ela se acalmou um pouco mais.

— Agora você precisa ir embora — tinha dito ela.

— Mas o que foi que aconteceu? — perguntou Anael.

— Você precisa ir embora! — repetia irritada, enquanto o empurrava para fora da caverna.

Estávamos no corredor, junto de Sinah. Agora era ela que esperava por Anael. Por fim ele entrou, surpreendendo-se com o olhar calmo da sacerdotisa.

— Bom dia, Anael — disse ela, com um sorriso nos lábios. Não estava mais abatida. Ao contrário, tinha uma aparência excelente. Ele percebeu a mudança e gaguejou uma resposta educada.

— Sabe? — continuou Sinah — Laim estava usando um colar muito bonito, ontem à noite, na feira.

Anael arregalou os olhos, apavorado, no mesmo momento em que os guardas saíram das sombras e o seguraram. Ele olhou para Sinah com ódio e, nesse momento, toda a névoa escura que ainda envolvia a sacerdotisa deixou seu corpo e envolveu Anael.

Apertando o estômago com as duas mãos ele deu um grito de dor e caiu desacordado.

Nós ríamos às gargalhadas enquanto o arrastavam desacordado para o calabouço. O que faltava para que nos sentíssemos melhor ainda era ele poder nos ver, escutar nossos insultos e saber que estaríamos esperando por ele depois que fosse executado. Seu crime era muito grave para que escapasse do carrasco.

Anael confessou tudo e denunciou seus comparsas. Tentou atribuir parte da culpa a eles e acabou dizendo que tinha sido influenciado por Rannah a agir daquela forma. Não adiantou. O Conselho considerou que a atitude que ele tivera conosco tinha sido a mais covarde e desleal que um ser humano poderia tomar e sentenciaram, tanto a ele quanto a seus cúmplices, a morrer da mesma forma que nós. Rannah, a bruxa, foi condenada à fogueira.

O Grande Conselho não tomou nenhuma atitude contra Laim. Acharam que, se ela soubesse que as joias tinham sido roubadas do templo, não iria usá-las na grande feira. Ainda assim ela entrou em depressão profunda, achando--se responsável pela condenação do amante. Pediu para vê-lo antes da execução, para pedir que a perdoasse. Quando entrou na cela, Anael saltou sobre ela como um animal enfurecido e a teria matado se os guardas não o tivessem impedido. Ela saiu chorando, ouvindo seus insultos até quase sair à rua. No dia seguinte a empregada a encontrou morta. Tinha se enforcado.

Anael sofreu mais do que nós. Como foi supliciado em praça pública, o carrasco o reanimava sempre que ele desfalecia. Acompanhamos de perto todo o seu martírio e confesso que nenhum de nós sentiu a menor piedade por ele.

Sorrimos quando furaram seus olhos, os de Assef e de seu ajudante. Depois que cortaram suas cabeças, permanecemos ao lado deles, esperando pacientemente que acordassem. Quando isso aconteceu, sem nenhum remorso, começamos a torturá-los."

— Quando me apresentei aqui e disse que a ideia de falar dos erros que tinha cometido me envergonhava muito, em grande parte me referia ao que fizemos a Anael e a seus cúmplices. A única imagem que me ocorre para que vocês possam fazer ideia dos horrores que cometemos é a de demônios torturando as almas condenadas às chamas eternas do inferno — continuava Olavo.

"Para nós, a vingança era justa e o castigo de nossas vítimas, merecido. Só estávamos esquecendo que também tínhamos sido seus cúmplices e que, obedecendo a suas ordens, tínhamos espalhado o terror e levado homens à ruína.

"Às vezes encontrávamos Laim, andando como sonâmbula, o rosto entumecido e o pescoço grotescamente torcido. Parecia estar em transe e não dava sinais de nos reconhecer. Uma coisa chamava nossa atenção. Ela estava demorando muito mais a se recuperar do que qualquer um de nós.

"Não sei por quanto tempo nos prendemos àquela nossa horrível tarefa. Só posso dizer que, se para nós foi um longo tempo, para nossas vítimas deve ter sido uma eternidade.

"Como nosso irmão Álvaro explicou antes, começamos a receber não só energias semelhantes às que tínhamos gerado em nossa vida material como também às que estávamos emitindo na vida espiritual, desde que pusemos em prática nossos planos de vingança. Não percebemos logo que nosso aspecto estava se modificando. A princípio achávamos que nossos traços só estavam um pouco mais grosseiros, mas depois de algum tempo esse embrutecimento se tornou mais visível. Ficamos impressionados. Embora não comentássemos a respeito, só nos lembrávamos das entidades que saíam das fendas do chão, na caverna de Rannah.

"Outra coisa estranha começou a acontecer conosco, quase ao mesmo tempo. A cada dia estávamos ficando mais sonolentos. Nossos perispíritos estavam saturados pelo fluxo contínuo de energia, inclusive a que tínhamos gerado. Embora não soubéssemos, chegava a hora de reencarnar.

"Não tínhamos ideia dos fortes laços cármicos que tínhamos criado nem imaginávamos o sofrimento que eles nos trariam pelas próximas vidas."

Sérgio interrompeu os trabalhos. Dessa vez todos concordaram em deixar as perguntas para a outra reunião.

Em sua prece de agradecimento ele falou sobre o ódio e a vingança, mostrando que não conseguimos fazer ninguém sofrer sem garantirmos também para nós uma cota de sofrimento.

— Queremos dizer ao nosso irmão Olavo que ele teve uma atitude corajosa e que deve ser respeitada. Consideramos normal seu sentimento de culpa, mas é preciso compreender que nossas ações são sempre compatíveis com nosso grau evolutivo e que, quando nos envergonhamos pelo que fizemos, estamos dizendo que aprendemos alguma coisa, estamos atestando nossa condição de espíritos em evolução e devemos nos alegrar com isso.

Daquela vez Álvaro já fazia parte da mesa quando os trabalhos foram abertos. As perguntas começaram logo.

— Quando desencarnei não encontrei várias pessoas que eu admirava. Disseram-me que estavam em outra região. Por que Olavo e os outros ficaram juntos?

— Como ele mesmo disse, haviam sido criados fortes laços cármicos que mantinham a todos na mesma região. Acredito mesmo que Saman tivesse um conhecimento maior e que poderia estar numa outra região espiritual se não fosse impedido pelos laços cármicos que criara.

Mesmo tendo alcançado um grau evolutivo um pouco mais elevado, continuava preso àquele grupo, simplesmente porque sempre somos prisioneiros de nosso carma. Essa pergunta foi muito oportuna porque vai nos permitir falar de um assunto muito importante.

"Como já dissemos, espírito e perispírito são inseparáveis. Explicamos que o espírito é a chama, a inteligência, a individualidade, enquanto o perispírito é a condensação de parte da energia que produzimos e manipulamos. Ele é o nosso vínculo com o passado. Assim sendo e como estamos em evolução, o perispírito sempre estará atrasado em relação ao espírito. Repetindo, o corpo espiritual limita o espírito. Aprisiona-o aos vestígios do passado, ou aos carmas, se preferirem.

"Seremos incapazes de reincidir em certos erros, não importa em que estágio evolutivo estejamos, porque eles serão próprios de uma fase já superada. Do mesmo modo, não tomaremos as atitudes de quem já está mais evoluído que nós. Isso quer dizer que produzimos energia psíquica sempre dentro de uma determinada faixa.

"Se nos entregamos ao ódio, à vingança, ao antagonismo de qualquer espécie, se vibramos a maior parte do tempo no limite inferior de nossas possibilidades, estaremos agregando, ao nosso corpo espiritual, energias que impedirão o espírito de procurar alcançar um ambiente que lhe seja mais propício, uma morada mais adequada ao seu nível evolutivo quando voltar ao mundo espiritual. Por outro lado, se nos esforçamos para agir dentro dos nossos princípios mais nobres, quando desencarnarmos, iremos nos sentir bem, num ambiente semelhante àquele que consideramos ideal. Vamos a um exemplo em que consideraremos duas pessoas muito diferentes.

"O primeiro é um aborígene da Austrália que vive próximo a um deserto, onde a água que mata sua sede é apanhada ao amanhecer, colhida das gotas que o orvalho deposita nas folhas, durante a noite. A luta pelo alimento também é difícil num clima como aquele, e quase todo o seu tempo é empregado em conseguir comida. Vamos imaginar que essa pessoa tenha dedicado toda a sua vida à comunidade de que faz parte, visando ao bem de todos, procurando organizar seu grupo de modo a conquistar uma vida menos difícil. Por certo ele terá desejado conseguir para seus companheiros um abrigo que os protegesse do frio da noite e dos vendavais, com esteiras ou um monte de palha macia para dormir. Deve também ter planejado cultivar a terra, criar animais e conseguir uma alimentação mais farta.

"Agora vamos imaginar que, chegando à espiritualidade, esse nosso irmão receba uma casa muito simples para morar, sem forro, com o chão cimentado, um banheiro rústico e uma pequena cozinha. Apesar de toda a simplicidade, a água jorra da torneira assim que ele a abre, o fogo aparece no fogão como que por milagre e ele tem um quarto com uma cama rústica para dormir. Dão-lhe tarefas simples, condizentes com as de um operário braçal. Como recompensa pelo seu trabalho, recebe alimentação farta e as roupas de que necessita. Ele irá se sentir no paraíso.

"A segunda pessoa do nosso exemplo é um milionário. Vive numa casa belíssima, com todas as comodidades, come e bebe o que há de melhor. É um homem de negócios impiedoso que nunca hesitou em prejudicar quem quer que fosse para poder ganhar mais dinheiro. Sempre considerou como adversários os que poderiam ir contra seus interesses e sua vibração psíquica se caracterizou marcantemente pelo egoísmo. Então, na espiritualidade, ele é colocado na sociedade adequada às suas vibrações e vai morar numa casa idêntica àquela que destinaram ao aborígene. Em vez de tapetes macios, o chão de cimento. As atribuições que lhe dão são as semelhantes às de um operário braçal, em nada compatíveis com seu nível intelectual e só terá acesso ao suficiente para provê-lo das necessidades básicas."

Álvaro sorriu e prosseguiu:

— As pessoas de nosso exemplo estão exatamente na mesma situação, mas, enquanto o aborígene está felicíssimo e se considera no céu, o milionário se considera no inferno.

"O que aprendemos daí? Nosso carma é a energia que carregamos agregada ao nosso perispírito e que não é mais condizente com o nosso estado evolutivo atual. São nossas dívidas anteriores em função de atitudes que tomamos no passado e que já não tomaríamos agora, por já termos caminhado um pouco mais. Então, é importante saber que nosso perispírito nos limita e que não poderemos alcançar outro ambiente mais evoluído se não o modificarmos.

"Se considerarmos dois ambientes cármicos para cada pessoa, o primeiro, aquele em que nos encontramos, adequado a cada um de nós; o segundo, aquele em que gostaríamos de estar, um ambiente apenas idealizado e condizente com o desejo de cada espírito, em função do nível evolutivo, cultural e social que já alcançou. Vamos chamá-lo de ambiente relativo ao seu nível espiritual. Como este é um assunto muito importante, vou ser repetitivo.

"Todos nós habitamos o ambiente cármico e almejamos viver no ambiente do nível espiritual. Como nunca poderemos habitar um ambiente diferente do que condiz com o nosso carma, a solução está em nos transformarmos, em nos esforçarmos para eliminar as energias que nos aprisionam. Só assim vamos conseguir ter acesso a ambientes mais adequados às nossas aspirações ou vamos poder transformar o ambiente cármico a que temos acesso e fazê-lo semelhante àquele que desejamos alcançar.

"Vejam como é perfeito o processo evolutivo. Quanto maior a diferença entre esses dois ambientes, maior a insatisfação do espírito e maior o estímulo para que modifique o ambiente em que se encontra — ou para conseguir se libertar e buscar um ambiente que lhe seja mais propício.

"Quanto mais a morada de um espírito se assemelhe à que ele idealiza, mais feliz ele é. Como só iremos conseguir promover essa semelhança por meio de nossa evolução, descobrimos que evoluir é caminhar em direção à felicidade. Concluindo: caminhamos para a felicidade sempre que procuramos cumprir com a finalidade para a qual fomos criados pelo Pai."

— Outra pergunta. Por que a vibração que Toum transmitiu a Sinah foi capaz de curá-la se era idêntica à que foi usada para causar sua doença?

— Porque foi usada no sentido oposto.

"Imaginem alguém sendo agredido por uma força que o empurra para um abismo. Se opusermos a essa força, outra, de igual intensidade, mas no sentido oposto, a pessoa deixará de sofrer as consequências da agressão porque duas forças iguais, atuando em sentidos opostos, se anulam."

— Meu nome é Bernardo e sou um espírito em evolução. Queria saber por que Laim demorou mais a se recuperar que os outros? Afinal, as atitudes de todos eles foram muito mais condenáveis.

— É uma pergunta interessante — disse Álvaro. — A causa disso está na vontade do espírito. Tanto Olavo quanto Anael e todos os demais queriam viver, produziam energias de defesa opostas às que os mataram e semelhantes às que foram usadas na recuperação de seus perispíritos. Agindo assim eles colaboraram com a própria recuperação. Não foi o caso de Laim. Ela queria morrer. Partiu dela, de sua vontade, a ação para destruir o próprio corpo. Assim, a carga energética que ela criou à sua volta e que se integrou ao próprio perispírito era de autodestruição. No caso dos suicidas, só quando essa vontade se transforma é que o perispírito pode começar o processo de recuperação. Por isso várias religiões ensinam que o maior pecado que alguém pode cometer é o suicídio. Só acho importante definir o que é suicídio.

"Por exemplo, quem abusa do álcool e até já se tornou dependente estará certamente prejudicando seu organismo e irá abreviar sua vida encarnada. Poderá ser considerado descuidado, irresponsável, mas sua atitude não poderá ser comparada à de Laim. Aliás, arrisco até dizer que ela, mesmo em agonia, deve ter mantido sua decisão de morrer. Caso contrário, mesmo que não tivesse conseguido evitar a morte, mas se ao menos tivesse tentado, ou apenas desejado, teria emitido vibrações que facilitariam o trabalho dos socorristas. Em minha opinião, suicídio é a atitude deliberada de provocar a morte do próprio corpo material. Como consideramos a palavra pecado um pouco perigosa, diremos que é uma das atitudes mais destrutivas que se possa ter.

"Em geral o suicida está perturbado no momento em que atenta contra a própria vida, por isso seu estado mental dificulta muito o contato necessário para o auxílio espiritual dos socorristas e a recuperação é sempre demorada. Compreendem agora por que ela demorava mais a se recuperar?"

— Perfeitamente, mas ainda tenho outra pergunta. Na Casa da Esperança nós nos preparamos para uma nova encarnação, de certa forma participamos do planejamento para a próxima vida, é quase como se pudéssemos decidir se queremos ou não reencarnar. Só agora me dei conta que ninguém, na história que estamos ouvindo, falou se queria ou não voltar à matéria. Olavo e seus companheiros, por exemplo. Pelo que eu entendi, nem sabiam que iriam reencarnar. Como é isso?

— Acabamos de falar que, com o passar do tempo, vamos compreendendo que, se fomos criados com uma finalidade, devemos nos esforçar para entender qual é a tarefa que nos cabe e fazer o possível para cumpri-la da melhor maneira, pois essa é a atitude correta para quem busca a felicidade. É exatamente esse o caso.

"Tudo no Universo é cíclico. Toda vez que um perispírito se sobrecarrega de energia psíquica, ela é condensada na formação de um novo corpo material. É quando iremos viver o ciclo em que produziremos e disponibilizaremos a energia psíquica mais densa que vai ser transformada e utilizada pelos que estão na vida espiritual. Sendo assim, a reencarnação é inevitável, ou seja: é parte do papel que nos cabe, é parte da finalidade a que nos referimos. Sendo criaturas inteligentes e amadurecidas, não iremos nos opor a cumprir com nossa tarefa. Mais ainda, iremos pensar no que nos espera e planejar viver essa experiência da maneira mais proveitosa, aprendendo e evoluindo o máximo possível. Na época em que ocorreram os fatos que Olavo está nos contando, nem ele nem seus companheiros estavam em condições de opinar sobre a nova vida que teriam pela frente. Afinal, todos precisavam anular parte de suas vibrações negativas e não conseguiriam fazê-lo sem sofrimento. Acho que a história de Olavo irá nos mostrar isso muito bem."

Olavo retomou sua narrativa:

"As semelhanças de nossas vibrações fizeram com que eu e as outras quatro vítimas de Anael encarnássemos em uma tribo de nômades que vivia no deserto. Era uma comunidade pequena, semelhante a inúmeras outras que se espalhavam naquela imensidão árida e éramos quase uma família.

Nosso maior orgulho era a bravura. Nosso chefe era sempre o mais forte, aquele que manejava a espada com maior perícia. Todos os meninos da tribo viviam em função disso, praticando para virem a ser bons guerreiros. A piedade era considerada fraqueza, mas condenávamos a covardia e a deslealdade, que puníamos com a morte. Afinal, grande parte da força de nosso grupo estava em saber que podíamos confiar cegamente em nossos companheiros.

Só mais tarde, depois de abandonar novamente a matéria, é que vim a saber que outras vítimas de Anael haviam encarnado em tribos inimigas, inclusive aqueles que tinham nos torturado assim que despertamos na espiritualidade. Lembram que os argumentos de Saman tinham feito com que deixássemos de ser inimigos? É para ver como o antagonismo é destrutivo. Tínhamos superado nossas divergências para combater Anael, quando estávamos desencarnados, e agora voltávamos a ser inimigos, apenas porque o ambiente adequado às vibrações que tínhamos produzido nos conduzia a isso.

Ainda assim pude aprender bastante na minha experiência entre os nômades.

Levávamos uma vida muito dura, deslocando-nos pelo deserto em caravanas, sempre em direção a um oásis. Eram três rotas que formavam um triângulo de lados quase iguais e três oásis, onde acampávamos. Cada um deles ficava a poucos dias de viagem de uma das cidades onde iríamos negociar. Vivíamos da venda dos animais que criávamos e aplicávamos parte do dinheiro ganho na compra de mercadorias que pudéssemos vender com um bom lucro nas próximas cidades por onde iríamos passar.

Eram comuns as lutas entre as tribos, a pretexto do direito de ocupar os oásis, mas a verdadeira intenção era tomar pela força mercadorias e animais dos rivais. Conflitos antigos sempre eram apontados como motivo justo para uma nova luta. Principalmente se nosso oponente fosse Arat, O Cruel.

Tornei-me um guerreiro impiedoso, mas aprendi a ser leal. A dedicação que devotava a meu líder, Hassan, não era por recear as consequências de sua ira. Em vez de temê-lo eu o admirava, e seria capaz de morrer defendendo sua vida. Ele sabia disso e confiava em mim. Por isso eu era respeitado pelos outros membros da comunidade e perceber esse respeito me fazia bem. Hoje compreendo que, embora fôssemos impiedosos com os inimigos, éramos dedicados e amorosos com os nossos.

Começavam a aflorar em mim os primeiros afetos positivos e conheci o amor. Naquela sociedade as mulheres eram tratadas como seres inferiores, mas, embora guardasse essa opinião só para mim, eu considerava Mirna mais inteligente e racional que a maior parte dos homens daquele grupo.

Deu-me dois filhos homens. Aziz, o primogênito, e Iasser, que nasceu dois anos depois.

Como todos os meninos, passavam o dia brincando com espadas de madeira e aprendendo a montar camelos e cavalos.

Certa vez tivemos uma disputa com a tribo de Arat sobre o direito ao uso da água de um dos oásis. A rixa acabou se transformando numa grande batalha e muitos jovens e pais de família morreram, nos dois lados, o que enfraqueceu as duas tribos. Foi quando outro clã começou a pensar que seria oportuno nos roubar, só que soubemos de sua intenção a tempo.

Havia sido proposta uma trégua e estávamos na tenda de Hassan quando fomos avisados que Arat, o chefe rival, pedia para ser recebido para tratar de um assunto muito importante. Hassan concordou e logo ele entrava na tenda com sua guarda pessoal. Trazia um desconhecido que tinha as mãos amarradas às costas e, após as saudações formais, ele explicou:

— Nossos guardas viram quando esse homem veio de seu acampamento. A princípio acharam que seria um espião, mas, como era um só, preferiram segui-lo de longe. Poderiam apanhá-lo com facilidade quando voltasse. No entanto, depois que percorreu todo o nosso acampamento, ele apanhou um cavalo e, em vez de ir para o seu lado, ia se afastando em direção ao deserto quando nós o detivemos. Quis fugir, mas nós atingimos seu cavalo com nossas flechas. O animal tinha a marca da tribo de Yussef, mas esse filho de um camelo não quis falar. Então eu lhe disse: "Você é nosso inimigo, não nos serve de nada. Se você não quer dizer o que queremos saber, sua língua também não nos serve de nada. É melhor arrancá-la e dá-la aos cães. Além disso, como você usou seus olhos para nos espionar e não quer nos dizer nada, é justo arrancá-los também, porque os cães têm muita fome. Depois, então, podemos deixar você partir para o deserto, como era sua intenção. Só que, como seu cavalo está morto, você terá que ir a pé." Ele então confessou. O fato é que Yussef está a meio caminho da cidade e pretende atacar-nos.

Hassan olhou para o prisioneiro. O homem estava aterrorizado. Arat então falou:

— Podem levá-lo.

— Devemos cortar sua cabeça? — perguntou um dos guardas.

— Não. Desamarrem suas mãos e vigiem-no de perto. Afinal, ele confessou. Não quero que o maltratem.

A tribo de Yussef era poderosa e representava uma ameaça terrível. Não nos restava alternativa que não fosse unir nossas forças para enfrentá-lo.

— Ele irá mandar outro espião quando esse não voltar — disse Arat.

— Deixe que ele venha — respondeu Hassan. — Iremos manter nossos homens de prontidão, guardando a linha que traçamos para a trégua. Se percebermos sua chegada, podemos até fingir uma luta. Ele deverá atacar um de nós esperando que o outro o auxilie. É até possível que nos procure para um acordo.

— Que irá quebrar assim que um dos lados for derrotado — completou Arat.

Os planos estratégicos prosseguiram e, no dia seguinte, quatro guardas foram escoltando o prisioneiro pelo deserto, a pretexto de verificar se a tribo de Yussef estava realmente onde ele dissera. Quando já podiam ver as tendas do acampamento, um dos guardas deu um gemido e caiu do cavalo. Enquanto seus companheiros pareciam ocupados em socorrê-lo, o prisioneiro fustigou sua montaria e fugiu a todo galope. No mesmo momento o guarda que havia caído saltou sobre o próprio cavalo e os quatro partiram atrás do fugitivo. Quando tiveram certeza de terem sido avistados, dispararam suas flechas e viram o homem cair do cavalo. Dificilmente estaria vivo.

Um dia depois, as sentinelas viram um homem se aproximar. Montava um camelo e trazia outro, aparentemente com mercadorias. Quando estava próximo, os guerreiros começaram a atirar flechas sem pontas para o outro lado do oásis, como se estivéssemos em plena luta. Vários homens estavam deitados no chão, segurando flechas quebradas que pareciam estar cravadas em seus corpos. O homem voltou imediatamente para o deserto, mas foi seguido de longe. Viram quando entrou no acampamento de Yussef.

A carcaça do cavalo que tinha morrido flechado foi esquartejada e os pedaços espalhados perto do oásis, no caminho por onde Yussef deveria passar para atacar-nos. Ao amanhecer vários arqueiros fingiam-se de mortos e esperavam. Assim que o sol esquentasse os abutres se aproximariam. A armadilha estava pronta.

Recomeçamos com os gritos e disparos de flechas assim que o primeiro cavaleiro inimigo apareceu no alto da duna. Logo outros se juntaram a ele e formaram um grupo bem grande que, com gritos de guerra, lançaram-se em linha reta sobre nós.

À sua passagem os falsos cadáveres se levantaram e começaram a disparar suas flechas, apanhando o inimigo de surpresa. Não tiveram tempo de se recuperar. Nossos cavaleiros apareciam por trás das dunas, com suas lanças, enquanto os arqueiros que tinham ficado no oásis se juntavam às forças de ataque.

Em pouco tempo estava tudo acabado. Yussef foi apanhado vivo e recebeu a sentença de Arat.

— Ele é um chacal traiçoeiro. Que seja deixado amarrado no deserto para servir de alimento para seus irmãos, mas primeiro irá esperar por nós para ver quando voltarmos com o espólio que por direito nos pertence.

Tomamos o acampamento do inimigo sem resistência. Os poucos homens que haviam ficado foram mortos imediatamente, assim como toda a família de Yussef. Todos os bens da tribo foram divididos entre Arat e Hassan.

Com isso as duas tribos que até bem pouco tempo combatiam entre si, fizeram um tratado de paz, delimitando as áreas dos oásis, normatizando o uso dos poços e comprometendo-se a unir forças para enfrentar eventuais inimigos. Foi o começo de um longo período de paz. Passamos a conviver em harmonia.

O tempo passou. Agora meus filhos eram homens feitos e amigos inseparáveis de vários rapazes da mesma idade, alguns pertencentes à tribo dos nossos antigos rivais. Quando comentei com Mirna, dizendo que isso me preocupava, ela respondeu que os jovens estavam ficando mais sábios que seus pais e que, no futuro e graças a eles, aquela seria uma única tribo, mais forte e mais rica.

Na prática isso já acontecia há algum tempo. Viajávamos juntos, com maior segurança, fazíamos nossas compras em conjunto e conseguíamos preços melhores em função da quantidade. Por outro lado, cada uma das tribos vendia produtos diferentes em cada cidade por onde passávamos. Com isso, evitávamos concorrer entre nós e fomos enriquecendo com o passar dos anos.

Uma vez, numa festa em que era disputada uma corrida de camelos, o filho único de Hassan caiu sob seu animal e teve morte quase instantânea. A tristeza se abateu sobre a tribo.

Naquela noite trágica, as carpideiras choraram alto e suas lamúrias podiam ser ouvidas em todo o acampamento. Custei muito a dormir e acordei gritando. Em meus sonhos, aparecia um homem que trazia nas mãos uma barra de ferro em brasa e me encarava com um riso feroz, como se me enxergasse, embora não tivesse olhos. "Agora é novamente sua vez de sofrer!", disse ele, com uma gargalhada aterrorizante.

Aquela tragédia fez com que nosso líder se modificasse. Não era mais a pessoa interessada e atenta, cheia de planos. Ele mesmo percebia que não conseguia ser o mesmo de antes e passou a delegar poderes, mas soube escolher seus auxiliares. Mais tarde, para cumprir a tradição, mandou que seu sobrinho mais velho, Omar, se mudasse para sua tenda e que ocupasse o leito de seu falecido filho. Isso equivalia a dizer que ele seria seu sucessor.

Essa escolha não agradou a Arat. Para ele, a falta de um sucessor de Hassan poderia fazer de seu filho, Rabin, o chefe único das duas tribos.

Muitas vezes a vida está nos encaminhando para uma fase de paz e nós botamos tudo a perder com nossa avidez pelo poder, com nosso egoísmo. Foi o que aconteceu com Arat.

A partir daquele momento, a ideia de fazer de seu filho o chefe da tribo mais poderosa de toda a região tomou conta de sua mente, mesmo porque Rabin não ousava fazer nada sem consultá-lo e seria um simples fantoche em suas mãos. Ele, Arat, seria o verdadeiro líder, mas precisava descobrir como fazer isso sem se comprometer. Melhor ainda se Hassan e seu sobrinho fossem destruídos por outros.

Estávamos acampados perto da cidade já há algum tempo. Vários animais tinham dado cria e seria melhor aguardar mais alguns dias até que os filhotes pudessem suportar a viagem. Já tínhamos concluído todos os negócios e apenas esperávamos o tempo passar, acampados no oásis.

Omar e Aziz tinham ido comprar alimento para os animais nas imediações da cidade e voltavam com a carga em diversos camelos. Como a tribo de Arat estava acampada às margens do lago pela margem mais próxima da cidade, eles cruzariam o oásis por aquele lado e dariam de beber aos camelos antes de entrar em nosso acampamento.

Era fim de tarde e quase não havia ninguém junto à água. Aziz trouxe os animais até a margem para que bebessem. Quando Omar tirava o turbante e lavava o rosto, percebeu que a água se movia ali perto, junto a uma pedra. Curioso, caminhou até lá. Era uma mulher que se banhava, usando uma roupa de tecido muito leve, quase transparente por estar molhado. Era bonita, jovem, pequena e bem feita de corpo.

A moça percebeu a presença do rapaz e se assustou.

Omar olhava para ela deslumbrado. Era a mulher mais linda que já tinha visto. Por fim, conseguiu dizer:

— Desculpe, não queria assustá-la. Quem é você?

— Sarin, esposa de Anar, tio de Arat — disse ela, assim que se recuperou da surpresa. — Por favor, não diga a ninguém que me viu. Meu marido tinha me proibido de vir me banhar aqui e mandaria me castigar se soubesse.

— Fique descansada. Não direi a ninguém, mas agora fique em silêncio. Não estou sozinho, mas queria poder conversar mais com você. Podemos nos encontrar aqui, amanhã, quando anoitecer?

— Não sei. Tenho medo.

— Eu virei de qualquer jeito e esperarei por você.

Quando voltavam para o acampamento, após caminharem algum tempo em silêncio, Aziz perguntou:

— Com quem você estava falando no lago, perto da pedra maior? — Omar foi apanhado de surpresa. Sabia que não adiantava mentir.

— Era uma mulher, Aziz. Linda! Você nem imagina! Vai encontrar comigo amanhã.

Aziz ficou preocupado quando soube que ela era casada com o tio de Arat e tentou fazer com que o amigo desistisse do encontro, mas de nada adiantaram seus conselhos, argumentando que ela pertencia à outra tribo e que poderia acontecer uma tragédia se fossem descobertos.

Apenas pela força do hábito e por detalhes de ordem prática as tendas das duas tribos eram armadas em áreas separadas. Depois de tanto tempo de convívio pacífico havia total liberdade de ir e vir, não só nas áreas de cada tribo como também entre os dois acampamentos. Por isso ninguém reparou quando um vulto pequeno saiu de uma das tendas, naquela noite, e entrou pela parte de trás da tenda de Arat. Era Sarin.

— Ele vai se encontrar comigo assim que o sol se pôr, junto à pedra maior — disse ela assim que entrou. Arat sorriu e a abraçou.

— Agora não vai demorar muito, querida — disse ele. Do resto cuido eu. Em breve você ficará viúva e poderá se casar comigo.

Quando Omar chegou ao local marcado para o encontro, Sarin já estava lá, banhando-se como no dia anterior. Acenou para ele e saiu d'água com um sorriso nos lábios, a roupa fina colada sensualmente ao corpo e se aproximou. Assim que o rapaz a abraçou ela gritou por socorro e, como por encanto, apareceram dois guardas que o seguraram. Pouco depois surgiu um velho, com uma espada na mão. Era Anar, tio de Arat. Omar não teve tempo de se defender do ataque e a espada atravessou o seu peito. Já estava morto quando caiu.

Hassan estava em sua tenda comigo e Aziz quando um homem entrou correndo, dizendo que havia acontecido uma tragédia. Não deu explicações. Apenas pediu que o seguíssemos e voltou correndo para a margem do lago. Nós o seguimos de perto. Quando chegamos, a primeira coisa que vimos foi o corpo de Omar e os dois guardas que seguravam o velho Anar. Arat estava lá.

— Esse velho louco matou seu sobrinho — disse ele.

Anar se debatia furioso e gritava:

— Esse cão atacou minha esposa!

Hassan ajoelhou-se junto ao corpo do sobrinho, sem acreditar. Omar parecia vivo, olhando para ele com os olhos inexpressivos, tendo a seu lado a espada que o matara.

— Os guardas tentaram impedi-lo — disse Arat —, sabiam que só você poderia julgá-lo.

Hassan deu um grito selvagem e se levantou, já empunhando a espada que matara seu sobrinho. Quando ia atacar Anar, Aziz o segurou com força, ao mesmo tempo em que gritava:

— É mentira! Foi uma cilada! Ela não gritaria por socorro porque os dois tinham marcado um encontro ontem, quando paramos para nos lavar. Depois, o que a guarda pessoal de Arat estaria fazendo aqui, longe de sua tenda e dos pontos de sentinela? O que o próprio Arat está fazendo aqui?

No mesmo momento Hassan compreendeu. Olhou para Arat com raiva e seus olhos diziam tudo. Livrou-se dos braços de Aziz e lançou-se contra ele, mas a guarda pessoal de Arat o matou covardemente antes que conseguisse se aproximar.

Aziz e eu empunhamos nossas espadas e atacamos, mas era uma luta desigual. Em pouco tempo tínhamos sido dominados. Só não compreendíamos porque ainda estávamos vivos.

Só mais tarde pudemos entender. Arat estava preparado para o caso de alguma coisa sair errada e tinha deixado seus homens de prontidão. Disseram que Hassan tinha agido como um louco, ao ver o sobrinho morto, e tentara matar Arat e seu tio. Nós o teríamos ajudado.

Embora vários de nossos homens não acreditassem naquela versão, nada puderam fazer. Tinham sido apanhados de surpresa e não adiantaria reagir.

Esconderam-nos amordaçados em uma carroça coberta de palha e já era noite alta quando fomos colocados em dois cavalos e levados para o deserto sem que ninguém percebesse. Só muito tempo depois, na espiritualidade, iríamos saber porque as duas tribos levantaram acampamento e partiram logo depois dos funerais de Hassan. Quanto a mim e a meu filho, tínhamos sido deixados amarrados no deserto para servirmos de alimento aos abutres. Nosso ódio era imenso e, por mais absurda que a ideia pudesse parecer a quem estava prestes a morrer, só pensávamos em nos vingar.

Quando o sol ficou mais alto os abutres chegaram, descrevendo círculos no ar. Não pousaram perto de nós. Ficaram de longe, farejando o medo, como se avaliassem até que ponto estávamos indefesos.

No início conseguimos assustá-los com nossos gritos, mas depois de algum tempo foram ficando mais atrevidos. Primeiro atacaram Aziz e seus gritos eram pavorosos. Meus olhos encheram-se de lágrimas. Era meu filho, tínhamos vivido uma eternidade juntos, eu o lembrava empunhando uma espada de madeira lutando de brincadeira com seus amigos, sempre muito sério e compenetrado, sempre liderando seu grupo. Eu o imaginara como homem de confiança de nosso líder, respeitado e admirado por todos, dando-me netos que perpetuariam minha semente sobre a terra e agora tudo acabava assim, destruído pela ambição e covardia de Arat.

Meu filho ainda gritava quando os abutres se aproximaram de mim. Começaram a me devorar pelos olhos.

Depois que a visão se foi, ficou só a dor, cada vez mais forte. Senti quando abriram meu ventre e arrancaram minhas entranhas. Então desfaleci."

A assembleia da Casa da Esperança estava no mais absoluto silêncio. Podia se perceber que Olavo estava muito emocionado e que tentava se acalmar para continuar sua história.

"Despertei numa caverna, cercado de guerreiros e antigos amigos que já tinham morrido. Não entendia como podia enxergar depois do ataque dos abutres, nem de ver aquelas pessoas vivas novamente.

Perguntei então:

— Eu também estou morto?

— Não, pai. Ninguém morre.

Era a voz de Aziz. Estava de pé a meu lado, mas eu não pude reconhecê-lo de imediato porque a caverna era escura.

— E sua mãe, seu irmão, como estão? — perguntei.

— Fomos assassinados por Arat — disse Iasser, meu outro filho —, ninguém acreditou na história que ele contou.

— O que foi que Arat disse?

— Que Hassan tinha atacado Anar com sua espada e que os guardas ficaram à frente dele. Então Hassan teria gritado para que vocês atacassem também e logo depois foi mortalmente ferido por um dos guardas. Disse então que vocês saltaram sobre dois cavalos e fugiram para o deserto.

Só então compreendi porque tínhamos sido amordaçados e levados no meio da noite para o deserto, porque usaram tecido macio para amarrar-nos às estacas. Alguém deve ter sido incumbido de voltar depois, soltando-nos das amarras e fazendo crer a todos que não tínhamos sobrevivido ao deserto. As tribos tinham levantado acampamento a pretexto de seguir nossos passos, mas viajaram em direção oposta.

— E Hassan, onde está?

— Aqui. Ao seu lado, meu amigo.

Fiquei sabendo que minha família tinha sido assassinada quando a caravana foi surpreendida por uma tempestade de areia. Os homens de Arat os sufocaram até a morte e deixaram os corpos semienterrados para que fossem encontrados no dia seguinte. Quando perguntei por Mirna, disseram que ela não pôde ficar conosco porque pertencia a outro plano, um nível mais evoluído. Tinha deixado um recado para nós que nunca mais esquecemos.

"Ficaremos afastados enquanto vocês mantiverem o ódio em seus corações. É só por causa disso que não podemos ficar juntos, porque o ódio pelos inimigos é maior que o amor que têm por mim."

Soube que já havia passado algum tempo desde nosso assassinato. Arat tinha tomado o poder, mas não confiava em seu povo. Agia com muito cuidado, porque todos desconfiavam dele.

Seu tio, Anar, repudiou Sarin, o que fazia dela uma pessoa socialmente desprezada e que vivia à custa de alguns, que lhe davam alimento e roupas em troca de seus favores. Tentou pedir ajuda a Arat, mas os guardas não deixavam que ela ao menos se aproximasse. A partir daí Sarin passou a odiá-lo com todas as suas forças.

Uma noite conseguiu se esgueirar por trás das tendas até chegar à de Arat. Trazia nas mãos uma cesta de junco, com a tampa amarrada. Depois de se certificar de que ninguém a tinha visto, sacudiu a cesta com força, levantou o tecido da parede e jogou pela abertura diversas serpentes enfurecidas. Então se afastou, escondida pelas sombras.

Disseram que Arat foi encontrado morto no dia seguinte, com sua mulher, Rabin — seu filho mais velho, e o casal de filhos mais novos. Como não havia ninguém com uma liderança suficientemente forte, a tribo que despontava como uma das mais poderosas do deserto se dividiu em quatro ramos, cada um deles com riquezas suficientes para atrair a cobiça de outras tribos e contando com homens de menos para mantê-las.

Quanto a Arat, estava em recuperação, no plano espiritual, protegido por nossos inimigos. Não compreendi logo de que inimigos poderiam estar falando. É verdade que tínhamos vários adversários, combatíamos ferozmente, mas com lealdade e, por incrível que pareça, não nos odiávamos. Talvez até nos admirássemos. Se alguém nos odiasse, seria Yussef, que fora deixado como alimento para os chacais, mas ele nunca iria proteger Arat. Afinal, a sentença de morte tinha sido de Arat. Então, quando descreveram o líder de nossos inimigos, um homem alto, de olhar feroz, imediatamente veio à minha mente a figura do homem cego que eu tinha visto em meus sonhos.

De repente a memória me trouxe de muito longe a imagem de Anael. Lembrei de tudo, de sua traição covarde e também de nossa vingança. Então era esse o nosso inimigo!

— Anael! — disse alto.

Foi Hassan que respondeu.

— Sim. É ele mesmo.

— Ele se acha com direito de se vingar de nós, depois de tudo o que fez?

— Anael só se lembra das próprias dores. O sofrimento que causou aos outros não lhe interessa.

— E Arat?

— Agia por inspiração dele. Tinham muita coisa em comum e Anael soube usá-lo com inteligência, transformando-o num cúmplice perfeito.

— E qual é a nossa força?

— Somos bem fortes. Com nossa recuperação seremos mais fortes que eles. Então, a primeira coisa a fazer é cuidar de nós mesmos. Depois, à vingança!"

— Com licença, Olavo — interrompeu Sérgio. — Eu acho que já temos muita coisa para comentar antes de passarmos adiante. Seria até melhor meditarmos sobre o que ouvimos e continuar na próxima reunião.

Todos estavam emocionados em testemunhar a evolução de Olavo em condições tão difíceis, em meio a tanto ódio. Não havia crítica no coração de nenhum dos participantes da reunião. No fundo, ninguém saberia dizer se agiria de modo diferente se estivesse em seu lugar.

Sérgio, em sua prece de encerramento, ressaltou a perfeição da obra do Pai, da Lei da Evolução e comentou que, mesmo em condições tão adversas, o espírito não interrompe seu progresso. Por fim, em nome de todos, disse o quanto admirávamos a coragem de Olavo e do desejo que tínhamos de vê-lo aproveitar a ajuda que estava recebendo, na Casa da Esperança, para ter uma experiência bem proveitosa na próxima encarnação.

— As energias que estamos gerando e recebendo aqui, em nossas reuniões, estão passando a fazer parte de nosso perispírito, estão nos envolvendo cada vez mais. Representarão um escudo para cada um de nós em nossa próxima vida. Além disso, os ensinamentos que estamos recebendo são uma aquisição perene. A partir do momento em que tenhamos assimilado seus conteúdos, nada, em tempo algum, poderá tirá-los de nós. É a herança da dádiva de Deus e dos nossos próprios esforços. É no aprendizado das Leis Maiores que vamos superando nossas fraquezas, que nos tornamos mais livres. Como nos ensinou Jesus: "Conhecereis a verdade e ela vos libertará". Vão em paz.

Sérgio estava sentado à beira do lago, como de costume. Seus encontros com Álvaro já tinham se tornado um hábito e representava para ambos um momento sempre agradável. Sentiu a presença do amigo mesmo antes de ouvir sua voz.

— A partir de amanhã você começará a tomar conhecimento dos detalhes de sua próxima vida. Poderá ainda acompanhar mais duas ou três reuniões, no máximo. Depois eu o substituirei, pelo menos até acabarmos a primeira fase da preparação desse grupo.

— Sabe, Álvaro, no fim da reunião eu senti uma gratidão tão grande pela situação em que me encontro hoje que quase não consegui fazer a prece de encerramento, de tão emocionado. Tive muita pena de Olavo e, se a história que está contando ainda não chegou ao momento em que ele teria superado o ódio, a sua atitude aqui, em nossas reuniões, demonstra que ele já chegou a esse ponto. Só que agora ele precisará se libertar das vibrações que já não são mais adequadas ao seu nível evolutivo, ou seja: precisará "queimar carmas" e isso representa sofrimento.

— Acho que não vai demorar muito para ele nos contar como já se livrou de parte dessa carga, embora eu acredite que ainda há muito a superar, ou seja, carmas a serem queimados. Só espero que ele aproveite os ensinamentos que está recebendo e consiga se libertar de parte de suas dívidas pelo caminho mais proveitoso, ajudando os outros, aconselhando e esclarecendo os que estiverem prestes a contrair dívidas. Esse sofrimento poderá ser bem menor se ele aproveitar a oportunidade de rever tudo aquilo por que passou. É muito importante encorajá-lo e mostrar nossa compreensão para que o remorso não o impeça de enxergar com clareza. É preciso repetir sempre, quantas vezes seja necessário e deixar bem claro para todos que perceber e avaliar nossos erros é o melhor caminho para o progresso, mas que o remorso é um obstáculo enorme porque nos envergonha e faz com que tenhamos dificuldade em olhar de frente para tudo aquilo que fizemos de errado. É preciso insistir no mesmo ponto. A partir do momento em que percebemos ser impossível corrigir o erro, devemos nos concentrar em não repetir o malfeito e em partilhar nossa descoberta com quem quer que se encontre em situação semelhante. Conseguindo ajudá-los, estaremos evitando a criação de uma energia negativa e assim estaremos anulando aquela que criamos no passado.

— Sabe, meu amigo, é enorme a transformação que eu tive depois que entrei para a Casa da Esperança, mas essa conscientização às vezes me incomoda quando me lembro das coisas absurdas que fiz há tão pouco tempo.

— Cuidado. Isso também é remorso. Veja como ele é destrutivo! Pode até fazer com que você retarde sua evolução para não sofrer a dor de se confrontar com os erros do passado. Temos que nos convencer de que nossas atitudes sempre foram compatíveis com nosso grau evolutivo. Se estamos aprendendo depressa, perceberemos mais erros. Se não nos furtarmos a avaliá-los sem medo, aprenderemos ainda mais depressa. Veja bem! Nossa tarefa é trabalhar para o progresso. Não só o nosso progresso, mas o de todos. Não devemos estar preocupados em fazer um mundo melhor para nós, mas sim para a humanidade, de modo geral. Pensando assim o remorso perde uma grande parte de sua força, porque, no fundo, ele é um sentimento egoísta.

— O remorso, um sentimento egoísta? Não compreendi.

Álvaro sorriu.

— Fica uma espécie de charada para você, para pensar no assunto.

Daquela vez a prece de abertura foi um pouco mais rápida. Sérgio podia sentir que a plateia estava impaciente. Quando perguntou se alguém queria perguntar alguma coisa ou fazer um comentário, não foi nenhuma surpresa quando várias mãos se levantaram.

— Vamos acompanhar a ordem dos acontecimentos. Começaremos comentando o que aconteceu primeiro — disse. — Vai ser mais proveitoso assim.

Várias mãos se abaixaram.

— Meu nome é Maria Amália, sou um espírito em evolução e acredito que várias pessoas tenham as mesmas dúvidas que eu.

Sérgio fez sinal para que ela continuasse.

— Quando vivi na terra, eu era Filha de Maria. O padre da paróquia que eu frequentava era uma pessoa de muita fé, admirado por todos e sempre me ajudou muito com seus conselhos e orientações. No entanto, a vida espiritual que eu estou experimentando aqui não se parece em nada com o que eu aprendi. Se nosso corpo morreu, por que nos alimentamos? Outra coisa: aqui nós recebemos o alimento como se estivéssemos num hotel. Não precisamos nos preocupar em comprá-lo ou em recolhê-lo. Na história de Olavo é diferente. A alimentação foi para ele um problema sério. Eles tiveram que se preocupar com isso. Por que é diferente conosco? E dormir? Embora falem aqui em meditar, para mim continua a ser dormir, como se eu tivesse um corpo que precisasse de alimento e de descanso.

— Mas você tem um corpo! Senão, seria impossível ter um corpo quando encarnasse. Seu perispírito, ou seja, seu corpo espiritual é, em tudo, semelhante àquele que você teve em sua vida anterior e àquele que terá na próxima vida, exceto no que se refere à densidade, porque você está desencarnada. Como já vimos aqui, esse corpo espiritual se tornará mais denso no momento de voltar à matéria, mas terá as mesmas características do corpo que tem agora. Ele precisa de alimento também, porque se nutre de energia, como o corpo dos encarnados. O que vai mudando com o tempo é a característica da energia mais adequada ao seu perispírito, assim como o aparelho que "digere" esse "alimento". Então, com o passar do tempo, nossas necessidades se modificarão, pouco a pouco, porque o caminho da evolução se assemelha a uma rampa, não a uma escada.

"Sempre evoluímos como um todo. Intelectualmente, moralmente, filosoficamente e fisiologicamente, em nosso corpo espiritual. Afinal, ele é nosso retrato energético. Mostra exatamente em que nível nos encontramos e qual a estrutura do corpo material que teremos na próxima encarnação, porque é sobre esse corpo que irão se aglutinar as energias necessárias para isso. O perispírito carrega o que podemos considerar como a herança genética do mundo espiritual. Assim sendo, dispõe dos mesmos órgãos de um corpo material.

"Há algum tempo eu assistia a uma palestra em que Álvaro colocou tudo isso muito bem. Vamos pedir a ele que continue daqui."

— Como já explicamos numa outra ocasião — começou Álvaro —, quando estamos na vida material geramos energia psíquica primária que é a matéria-prima da espiritualidade na sua tarefa de criar. Mesmo sem perceber, criamos, ou melhor, interferimos desde o início de cada fase de nossa vida espiritual, participando da criação e das transformações do ambiente que nos cerca, como esse aqui, onde estamos agora. E também transformamos o perispírito que moldará o corpo em que iremos encarnar um pouco mais adiante, quando a densidade energética for suficiente para se condensar em matéria. O mesmo acontece com tudo o que está à nossa volta e que foi, em última análise, criado por nós, para suprir nossas necessidades. Tudo o que nos cerca, num determinado momento, irá ganhar a densidade necessária para se transformar em matéria ou sofrerá as transformações necessárias para atender nossas necessidades. Então vejam bem! Tudo o que vai existir no mundo material começa a existir aqui, na espiritualidade. O organismo de um ser humano encarnado foi idealizado, desde o seu estágio mais rudimentar, aqui, onde também passou por todas as etapas evolutivas até chegar à forma dos nossos corpos na última vida material. Precisamos nos alimentar no mundo material? Então precisaremos também de alimento aqui, na vida espiritual.

"É preciso compreender que, se nos alimentamos na vida material, precisamos nos alimentar aqui, na vida espiritual. Entendam que nosso corpo espiritual se presta a nos dar condições de viver tanto no plano material quanto no plano em que nos encontramos agora. Isso equivale a dizer que, cada um de nossos órgãos, cada célula que os integra, precisa funcionar adequadamente e da mesma forma, tanto aqui, em nossa situação atual, quanto na matéria. Se não dermos aos nossos órgãos atuais as mesmas condições de funcionamento, as mesmas atribuições daqueles de um corpo material, não teremos como plasmar um corpo físico adequado na próxima encarnação."

— E o que irá acontecer caso um espírito não consiga encontrar alimento aqui, no plano em que nos encontramos? O perispírito irá morrer de fome, como aconteceria com um encarnado?

Álvaro sorriu.

— Muito oportuna a sua pergunta, Maria Amália. Na verdade, o perispírito "ficaria doente", mas teria a energia necessária à sua existência como se recebesse soro ou uma transfusão de sangue, como acontece aos encarnados. O fato é mais comum do que se possa imaginar, uma vez que alguns espíritos têm de passar por situações como essa em consequência de atitudes erradas que possam ter tomado em sua vida material. Algumas vezes seu perispírito será prejudicado e, no momento de encarnar, o corpo material poderá apresentar alguma insuficiência, algum problema digestivo.

— Ele não poderia ser ajudado, para que isso não acontecesse?

— Você está se esquecendo da Lei de Causa e Efeito, minha irmã. A deficiência em questão representaria a "queima de um carma". Por mais que nos esforçássemos, só conseguiríamos ajudá-lo até o ponto em que a Lei permitisse. E essa ajuda também acontece, minha irmã. Lembra-se de como Toum, o Boi, ajudou Olavo?

"Bem, acho que vocês compreenderam. Precisamos descansar quando estamos na matéria? Então, também precisaremos descansar aqui, quando o "cérebro" de nosso perispírito, ou seja, a chama, nosso espírito, estará mais liberto das amarras da energia psíquica que nos aprisiona no nível em que nos encontramos, permitindo-nos receber as influências de planos mais elevados. Por isso aprendemos a rezar antes de dormir, quando vivíamos na matéria, por isso oramos ao final de nossas reuniões, quando nos recolhemos para meditar, como costumamos dizer, ou para dormir, nas palavras de nossa irmã Maria Amália.

"Quando meditamos ou dormimos, nós não criamos. É o que nos permite usufruir desse período de relativa liberdade, recebendo as influências dos planos a que estamos ligados afetivamente, estejam esses planos acima ou abaixo daquele em que nos encontramos. Se adormecemos depois de uma prece sincera àqueles que nos orientam para o bom caminho, estaremos criando condições necessárias para recebermos influências da Espiritualidade Superior. Se ficamos nos lembrando das ofensas que recebemos e imaginando como poderíamos nos vingar, as influências que iremos receber serão de ódio e de rancor, ou seja, energias às quais tenhamos nos sintonizado.

"Agora peço que prestem atenção porque vou falar de uma coisa muito importante.

"Tudo é cíclico. A Criação é a manifestação do Espírito e a matéria é a consequência dessa manifestação. Existe um movimento constante da energia liberada pelas transformações da matéria em direção ao Espírito, que a transforma e encaminha num fluxo inverso, para se condensar novamente. Exatamente como a água que se expande na forma de vapor e depois se condensa novamente e retorna como chuva.

"Se a energia que vem da matéria para o espírito tem características de expansão, a que vai do espírito para a matéria se caracteriza pela condensação.

"Já vimos que nós participamos da Criação atuando nas transformações de energia que ocorrem tanto no plano material quanto no espiritual. Promovemos essas transformações por meio do organismo a que estamos ligados. Nosso corpo.

"Produzimos a energia psíquica compatível com o plano que estivermos habitando. Como nossa atuação se faz em dois planos, nós nos utilizamos alternadamente de dois corpos com características próprias. Se atuássemos em três planos diferentes, seguramente iríamos nos utilizar de três corpos.

"O plano que habitamos nesse momento não pode ser considerado apenas espiritual. Não existe isoladamente apenas a chama, a essência. Temos um corpo e estamos aqui, numa sala, sentados do mesmo modo que participamos de uma reunião quando estamos no plano material. Se começarmos a analisar com cuidado, veremos que as diferenças não são grandes. Achamos, por exemplo, que nosso corpo material nasce, cresce e morre. De fato, sua parte mais densa se deteriora, é verdade, mas uma parte da energia psíquica que ele gerou acompanhará o perispírito. Sabemos até que essa energia é parte do perispírito, não é verdade? Então podemos dizer que *o corpo material se transforma no corpo espiritual*. Será que é assim? E o corpo espiritual, irá também se modificar e se transformar no corpo material? Vamos ver:

"Já dissemos que nosso perispírito agrega continuamente parte da energia psíquica que vai processando, aumentando gradativamente sua densidade até o ponto em que essa energia irá se condensar num novo corpo material. Sendo assim, não resta dúvida de que o corpo espiritual *se transforma no corpo material*, pelo menos na quase totalidade de sua essência. Quando formos visitar o lugar onde estão as pessoas em processo de encarnação vocês vão ver que elas ficam dormindo praticamente o tempo todo e que, quanto mais próximo o momento em que a encarnação irá se completar, mais volátil e menos denso o corpo espiritual fica, até que desaparece, pelo menos com o aspecto que conhecíamos. Sua forma mudou. Agora ele é idêntico à pessoa encarnada e já não está mais aqui conosco. De certa forma é como se tivesse morrido.

"Como já disse, são apenas dois planos, muito próximos e semelhantes. As leis da Física que se aprende na matéria são válidas? Então também se aplicam aqui: 'Na natureza nada se perde, nada se cria, tudo se transforma.' Nosso corpo é a manifestação de nosso espírito. Seja ele material ou espiritual não morre, apenas se transforma. Quando vemos um casulo seco, sabemos que uma borboleta está viva. Não é uma lagarta que morreu."

— Desculpe a pergunta — perguntou alguém sorrindo. — Mas se um passarinho come a lagarta?

Álvaro sorriu também.

— Viram? Na espiritualidade também existe o bom humor. Mas vou responder. Ainda assim, a borboleta continuará existindo. Foi apenas um exemplo que usei, em que o inseto vive em dois planos de existência perceptíveis por quem está na matéria. Mas de qualquer jeito, a borboleta continuará existindo porque toda a vida tem seu corpo espiritual, ou duplo etéreo, como alguns chamam. Agora vamos ver um outro aspecto também muito importante. Como nossa irmã observou, Olavo precisou se empenhar para conseguir alimento naquela ocasião, enquanto nós, aqui, dispomos do que necessitamos. Por que será? Porque nós nos organizamos socialmente. Nossa tarefa de ensinar e aprender é útil para cada um de nós e para a humanidade, o que justifica a colaboração de irmãos que providenciam o alimento, o abrigo e tudo mais de que necessitamos. Mais adiante cada um de vocês também dedicará parte de seu tempo a esse tipo de colaboração.

"Reparem bem! Olavo, em sua vida espiritual, precisou ajudar os outros para conseguir o seu sustento, essa experiência fez com que ele prestasse atenção a problemas que não eram dele. Quando conseguiu ser bem-sucedido, sentiu-se bem, útil e merecedor do que recebia como paga. Começou a aprender que devemos ajudar uns aos outros.

"Vejam que essa lição não é nova. Já vimos que o homem só conseguiu sobreviver entre as feras porque se organizou socialmente."

Maria Amália voltou a levantar o braço e Álvaro esperou que ela falasse.

— Continuo pensando na diferença entre o que aprendi na religião e o que encontrei aqui, na espiritualidade. Talvez devesse dizer — diferença da forma como eu via a religião.

"Minha expectativa, assim que desencarnasse, era ser confrontada com a lembrança dos meus atos e ser julgada, assim decidiriam se eu seria recompensada ou punida, absolvida ou condenada. Acho mesmo que essa maneira de pensar influiu ao longo de toda a minha vida, de certo modo fazendo com que eu me comportasse de maneira mais adequada e responsável. Talvez essa maneira de pensar tenha até feito com que eu continuasse sendo uma católica praticante e que me tornasse um ser humano melhor. De qualquer forma, o ponto mais importante disso tudo era o "regulamento" que eu precisava obedecer para ser feliz na vida depois da morte.

"Para ser sincera, não sei se meu comportamento seria o mesmo se soubesse que o mundo espiritual era tão parecido com o material.

"Achava, por exemplo, que precisava assistir à Missa, confessar-me e comungar, ou seja, participar de um ritual que, diga-se de passagem, não me prejudicou em nada, muito ao contrário, me ajudou muito. Só que agora, estando aqui, não vejo a menor necessidade de praticar a religião dessa forma.

"E tem outra coisa que também me intriga. O comportamento de todos, aqui, demonstra um sentimento de religiosidade muito profundo e acima de tudo verdadeiro, mesmo não pesando sobre nós a ameaça do castigo de Deus. O que mantém essa religiosidade tão viva?"

— Há uma palavra que você escolheu muito bem, Maria Amália, Religiosidade — respondeu Álvaro.

"Na verdade, a religiosidade é a origem de todas as religiões, porque é a certeza instintiva da existência de uma Inteligência Superior que criou a tudo e a todos, e essa certeza existe porque somos parte dessa força, dessa Energia Maior. É nossa sintonia com ela, nossa ligação com ela que faz com que tenhamos certeza de sua existência. Já as religiões, muitas vezes são apenas a consequência da vontade que temos de crer mais intensamente, de nos sentirmos mais seguros, de possuir um atestado, uma garantia da existência do Ser Supremo.

"As religiões, muitas vezes, levam-nos a imaginar um Deus exigente e que espera de nós um comportamento exemplar, como se todos nós estivéssemos no mesmo nível evolutivo. Criam então o que você chamou de um "regulamento" a ser seguido. As religiões não apenas criam esses regulamentos. Elas são esses regulamentos.

"Veja bem, Maria Amália. Cada uma das religiões ensina que Deus é justo, mas garante que a salvação está em seguir fielmente o regulamento apresentado por ela a seus fieis, não é verdade?

"Agora, vejamos: Quantas religiões existem? Quantas seitas, quantas irmandades? Há pessoas com um nível intelectual altíssimo em cada uma delas, líderes daqueles agrupamentos de pessoas. É natural supormos que, na maioria das vezes, esses chefes religiosos serão mais lógicos, mais racionais e inteligentes do que as pessoas que lideram.

"Veja agora a injustiça! Deus iria punir as pessoas por não conseguirem ser mais inteligentes que a grande maioria dos líderes de todas as religiões, iria condená-las por não saberem escolher a opção certa entre tantas oferecidas. Agora me diga. O que poderíamos concluir daí? Que Deus não seria justo.

"Prestem bem atenção! O medo tolhe nossa visão quando procuramos ver a Deus. Encontramos evidências de sua existência apenas olhando à nossa volta, não importa onde estejamos. Podemos vê-lo até quando olhamos para nós mesmos. É só perdermos o medo de errar, é só compreender que não existe a menor razão para que um filho tema a seu pai, que nenhum de nós tem por que temer a Deus e que nosso medo é um enorme absurdo.

"Como você disse, Maria Amália, existe uma religiosidade muito profunda entre nós. E esse sentimento existe porque procuramos ser pessoas de boa vontade. Não importa saber que iremos cometer erros pela eternidade afora. O importante é que poderemos sempre desfazer o malfeito, progredindo e buscando a felicidade.

"Nossa religiosidade também poderia ser definida como a mais profunda admiração que sentimos na descoberta contínua das obras de Deus, quando procuramos nos aproximar Dele em cada instante de nossa existência. Essa grande admiração é como um afeto mais amadurecido, o afeto amoroso que um filho tem por seu pai."

A assistência ficou em silêncio por algum tempo, até que perguntaram:

— E por que ninguém atacou Olavo dessa vez, quando ele despertou depois de morrer no deserto? — perguntou alguém.

— Porque tanto Olavo como seu filho faziam parte de uma sociedade em que as pessoas protegiam umas às outras. Criaram laços afetivos em sua vida terrena, preocupavam-se com o bem-estar de seus companheiros, cuidavam deles e por sua vez também eram protegidos e cuidados. É natural que tenham encontrado a mesma situação no plano espiritual. Não estavam indefesos como na encarnação anterior. Sua situação já demonstrava alguma evolução em relação à sua vida como Antor.

— Mas seu grupo, sua sociedade, estava obcecado pela ideia da vingança. Será que existe alguma vantagem em fazer parte de uma sociedade assim? Será que isso mostra alguma evolução? — perguntaram.

— Claro que sim! Passar do individualismo absoluto para a formação de um círculo afetivo em que um se preocupa com o bem-estar do outro é um avanço, sem dúvida nenhuma. Acho até que a história de Olavo irá nos mostrar que as sociedades podem interferir na evolução de seus participantes. Afinal, elas também evoluem.

— Tenho outra pergunta. Essa relação entre Anael e Arat. Eles já se conheciam?

— Não sei. É possível, mas não é necessariamente verdade. O que vale a pena comentarmos aqui é que atraímos para junto de nós espíritos que tenham sintonia com nossas vibrações. Criamos com eles laços de energia que podem tanto ser benéficos como nocivos. Há pessoas que, quando encarnadas, tem mais facilidade que as outras em estabelecer essas comunicações. São as que chamamos de *Médiuns*, ou seja, intermediários.

"Em geral, nessas relações, o lado desencarnado, seja uma pessoa ou grupo de participantes, age ativamente, enquanto o outro lado, aquele que recebe as influências — é o lado passivo. Quando o lado ativo é mais evoluído que o passivo, na maior parte das vezes, o encarnado aprende e evolui com a prática da mediunidade. Caso contrário, poderá retardar seu aprendizado e acumular em seu perispírito resíduos da energia que recebe do elemento ativo, e que poderão prejudicá-lo mais à frente. A exceção ocorre quando os médiuns participam de reuniões de auxílio a espíritos aflitos, sofredores ou obsessores.

"Várias religiões e seitas praticam a mediunidade sistematicamente, com finalidades diferentes. A bruxa Rannah, por exemplo, a empregava com fins destrutivos. Já no templo, de modo geral, usava-se a mediunidade para a prática do bem.

"A relação mediúnica pode ser como uma associação, em que os dois lados se põem de acordo para realizar alguma coisa, seja ela boa ou má. Foi o caso de Anael e Rannah com as entidades que saíram da terra quando uniram forças para destruir Sinah. Mas também podem ocorrer sem que a parte passiva sequer perceba a influência que está recebendo, como foi o caso da interferência sobre Laim, fazendo com que ela descobrisse as joias e as usasse. Foi também o que aconteceu entre Anael e Arat. É claro que, nesse caso, Arat foi escolhido porque seu estágio evolutivo e suas características eram adequados para que ele agisse como Anael queria. Quando a relação mediúnica induz uma pessoa a tomar uma atitude que não tinha planejado, dizemos que ocorre uma obsessão. O agente ativo é o obsessor, o passivo o obsedado ou obsidiado. Algumas vezes o obsessor quer prejudicar o obsedado e muitos encarnados foram levados à loucura, ao vício ou ao suicídio pela influência de obsessores. Outras vezes ele quer apenas conseguir um cúmplice involuntário, como foi no caso de Laim, que já comentamos."

Sérgio esperou algum tempo, em silêncio. Aparentemente ninguém mais iria fazer perguntas e ele convidou Olavo a retomar sua história.

"Depois de algum tempo todos nós, vítimas de Arat, nos recuperamos. Mal podíamos esperar pela hora da vingança. Éramos guerreiros, formávamos um grupo habituado a combater, confiávamos uns nos outros e partilhávamos o mesmo ódio.

Foi uma luta fácil e em pouco tempo nossos adversários estavam todos dominados. Arat e sua família já tinham despertado e todos olhavam para mim com horror.

— A vingança é sua, Barak. Sua e de seu filho — disse Hassan.

— Arranquem seus olhos, rasguem seus ventres e tirem suas entranhas! — gritei com a voz carregada de ódio. — Depois esperem que eles se recuperem e façam tudo de novo. Então me aproximei e olhei de perto para Anael e Arat enquanto os dois foram supliciados. Ouvi seus gritos com prazer. Em algum canto da caverna em que nos encontrávamos sua família também gritava, sofrendo as mesmas dores, mas eu não tinha olhos nem ouvidos para eles.

Voltei seguidamente ao local onde eles estavam amarrados a estacas, desacordados, para recomeçar minha vingança assim que despertassem com seus corpos suficientemente recuperados para que pudessem ser torturados novamente. Uma vez, quando cheguei, um dos carrascos me esperava. Acompanhei-o até junto aos prisioneiros.

— Os três homens e a mulher ainda estão desacordados, mas as crianças já acordaram. Podemos começar com elas?

Olhei para o canto mais afastado da caverna. O casal de crianças estava aterrorizado, os olhos arregalados ora fitos em mim, ora nos ganchos que o carrasco segurava e com que arrancaria seus olhos novamente. Senti como que uma punhalada no peito. Meus olhos encheram-se de lágrimas e todo o ódio se desfez como que por encanto.

— Não! — gritei. — Soltem as crianças!

Aziz se aproximou de mim, me abraçou e sorriu. Eu sabia que ele tinha me compreendido, mas a mesma coisa não aconteceu com todos. Alguns tinham sofrido muito nas mãos daqueles dois e não compreendiam minha atitude. Logo começou uma discussão.

— Eles só têm a aparência de crianças! — gritou alguém.

E Aziz foi argumentar em minha defesa, enquanto eu me encolhi num canto escuro da caverna, não querendo que percebessem minhas lágrimas. Então o lugar em que eu me encontrava passou a não me parecer assim tão escuro e dois vultos começaram a tomar forma a meu lado. Um deles foi ficando mais nítido. Era um homem idoso que me fitou com os olhos muito doces e disse:

— Mande soltar a todos, Barak. Livre seus filhos, você mesmo e todos os que estão aqui desse sofrimento!

Ainda quis dizer que eles eram culpados e que mereciam sofrer, mas não consegui abrir a boca.

— Somos todos inocentes, Barak, porque somos ignorantes. Todos nós! Nosso sofrimento não é um castigo. É o jeito que temos para aprender quando não conseguimos com os próprios esforços descobrir qual o caminho certo.

Meu ódio tinha se abrandado, mas eu não conseguia decidir o que fazer. Minha piedade poderia ser vista como uma fraqueza. Foi quando o segundo vulto completou sua materialização. Era Mirna.

Quando dei por mim, estava fora da caverna, numa sala de paredes maciças. Não sabia dizer como tinha ido parar lá, mas não opus resistência. Mirna estava comigo e com ela eu me sentia seguro.

— Onde estamos?

— Num lugar que estou frequentando como colaboradora. Você vai gostar.

— E Aziz?

— Tudo a seu tempo. Quando chegar a hora ele estará conosco. Agora vamos prestar atenção à palestra.

Foi lá que escutei falar pela primeira vez na lei do carma, de nossa condição de eterno aprendiz, da dificuldade que temos para dar alguns passos mais difíceis e da necessidade constante de ajuda. Falaram da Espiritualidade Superior que inspira e organiza grupos como aquele, de sua disponibilidade incansável e compreensão para com os limites de cada um. Por fim disseram uma coisa que não esqueci nunca mais.

'Não tem sentido nos envergonharmos, tampouco nos orgulharmos de nossa situação ou do estágio evolutivo em que nos encontremos. Sempre estaremos atrasados em relação aos mais evoluídos e comparativamente adiantados frente aos mais ignorantes. Se somos mais inteligentes que a maioria que nos cerca, certamente cometemos atos que nos aprisionaram num ambiente mais atrasado. Então, como poderemos nos achar merecedores da ajuda e compreensão que recebemos daqueles que estão mais adiantados se nos negarmos a agir da mesma forma com os que vêm mais atrás? Temos um exemplo a seguir, não importa o conhecimento, a cultura que possamos ter, nem mesmo nossa inteligência. Seguindo bons exemplos estaremos nos tornando Homens de Boa Vontade.

Vocês já pararam para avaliar o que isso significa, ser um Homem de Boa Vontade? Significa, em primeiro lugar, que estaremos sempre preparados para receber ajuda no limite máximo que nosso estágio evolutivo permite, que na maioria das vezes nossos erros serão apenas enganos, frutos da ignorância e não da teimosia insensata em relutar contra os princípios que já vislumbramos, insistindo em agir de acordo com nossas paixões. O Homem de Boa Vontade está sempre se esforçando para agir da forma certa. Isso significa vigilância constante, disposição para a autocrítica e coragem para corrigir o que se tenha feito de errado assim que seja percebido o erro.

Resumindo, Homens de Boa Vontade são aqueles que seguem os princípios filosóficos que adotamos nessa Casa.

Quando consertamos o que fizemos de errado pagamos nossas dívidas cármicas. Quando nos colocamos em condições de receber ajuda de um nível mais alto aprendemos mais depressa e, aprendendo, podemos planejar com mais sabedoria nossas ações. Tudo isso quer dizer que estaremos criando as condições necessárias para sermos mais felizes e estarmos em paz com nossa consciência.

Aquele que se propõe a ajudar seus semelhantes a progredir e a eliminar as causas dos ódios e desavenças das vidas passadas não irá mais temer encontrar inimigos de tocaia nem precisará se precaver exageradamente. Com o passar do tempo estará fora do alcance de qualquer vibração antagônica e encontrará irmãos onde quer que esteja. É esse o nosso convite. Vamos tomar a decisão de nos transformar em Homens de Boa Vontade. É para isso que existe essa Casa.'

Passei a assistir a todas as reuniões, mas a cada vez que me lembrava dos sofrimentos a que tinham me submetido voltava a ouvir os gritos de Aziz e não podia evitar que o ódio voltasse ao meu coração. Então me lembrava da expressão de horror no rosto dos filhos de Arat, duas crianças indefesas e me envergonhava profundamente. "Eles só têm a aparência de crianças!", alguém tinha dito. Mas não importava. Não tinham feito nada contra mim e minha atitude tinha sido covarde e injusta. Falei com Mirna a esse respeito e ela me levou para conversar com Paulo, o orientador de nossas reuniões.

Depois que contei tudo, ele fez apenas uma pergunta:

— O que você pode fazer para consertar o malfeito?

— Não sei — respondi. — Hassan determinou que eu decidisse o destino deles e não vai voltar atrás, mas se eu os libertar todos ficarão contra mim.

Paulo sorriu e me olhou com bondade:

— Quando perceber que deu um passo à frente no bom caminho e que o grupo a que pertence ficou para trás, você tem duas coisas a fazer. A primeira é tentar abrir os olhos de seus companheiros, tentar ajudá-los a ver também. Depois, se não quiserem acompanhá-lo, siga em frente. Por maior que seja seu compromisso com o grupo, sua responsabilidade com o progresso é ainda maior. Afinal, se o caminho correto fosse sempre o mais fácil, não teríamos nenhum mérito em segui-lo. Até nosso trabalho aqui não seria necessário.

Por sugestão de Mirna procurei nossos filhos. Quando disse a eles o que iria fazer, primeiro se surpreenderam, não querendo acreditar no que ouviam. Depois se revoltaram, principalmente Aziz. Pedi que se acalmassem e contei tudo, desde meu encontro com Mirna e falei das reuniões a que tinha assistido. Minha mulher estava junto de nós o tempo todo. Eu podia vê-la, mas eles não.

— Por que então ela não apareceu para nós?

— Porque não encontrou piedade em seus corações. Abrandem seu ódio, pensem nela com amor e venham comigo até um lugar mais reservado.

Os dois me seguiram até o lugar em que ela tinha aparecido para mim.

— Como ela está? — perguntou Aziz. — Em que lugar? Por que não está conosco?

De repente arregalaram os olhos e as lágrimas começaram a correr por suas faces. Podiam vê-la. Soluçavam quando correram para abraçá-la e ficaram assim um bom tempo, em silêncio, chorando baixinho. Depois ela os afastou um pouco, com carinho, para que pudesse olhá-los nos olhos e disse:

— Vocês estão presos a um círculo vicioso de ódio que vem trazendo sofrimentos para todos nós a cada encarnação. Já é hora de nos libertarmos disso. Apoiem seu pai. Ele quer fazer a coisa certa. Só então poderemos caminhar juntos novamente, numa vida muito melhor.

Fui falar com Hassan. Ele apenas escutou o que eu queria fazer e percebi que não ouviu minhas argumentações. Embora não me interrompesse, toda sua energia estava concentrada em manter o controle de seu ódio e cumprir seu compromisso de deixar a mim a vingança. Quando acabei de falar ele disse apenas:

— Mantenho meu compromisso. Faça de acordo com sua vontade, mas você e seus filhos deverão partir. Não pertencem mais à nossa comunidade.

Toda a amizade, o respeito e a admiração que um dia ele tivera por mim tinham se desfeito. Sua voz era fria e controlada, mas podia se perceber as vibrações do ódio que minha atitude tinha despertado.

— Só mais uma coisa. Seus filhos estão de acordo com sua atitude?

Os dois apenas concordaram com a cabeça e Hassan se afastou para mandar que soltassem os prisioneiros. Não se despediu de nós.

Foi com muita tristeza que nos afastamos, mas não estávamos indecisos. Mirna, meus filhos e eu partimos mesmo antes de cumprirem as ordens de Hassan. Embora soubesse que estava tomando a atitude certa, o ódio que eu tinha no coração ainda era muito forte e eu não queria mais ver Anael ou Arat. Voltamos todos juntos para a região que Mirna habitava e que, de agora em diante, também seria a nossa moradia. Lá iríamos nos preparar para novas experiências em vidas mais proveitosas.

Quando contei a Paulo o que tinha acontecido fiz questão de deixar bem claro que não via a menor possibilidade de perdoar sinceramente aqueles que nos tinham feito sofrer tanto e que preferia não voltar a encontrá-los mais.

— Você está certo, pelo menos por agora — disse ele. Se mentir é uma atitude errada, mentir para nós mesmos é ainda pior. Há de chegar o dia em que vocês irão se encontrar como amigos, mesmo que agora você ache isso impossível. Não esqueça que a evolução é para todos.

A partir daí começou para nós uma vida nova. Tínhamos muito a aprender, mas eu me concentrava no que iria transformar a noção de valores que eu considerava certa até então. Quando Paulo nos ensinou a evitar as situações de antagonismo, perguntei se essa não seria uma atitude covarde.

— Quando estamos na matéria é fácil nos livrarmos de um inimigo. Difícil é aceitarmos nos afastar dos amigos para nos mantermos fiéis aos nossos princípios, estando encarnados ou na espiritualidade. Não é verdade?

Estávamos nos preparando para encarnar novamente e nos foi explicada a Lei de Causa e Efeito, ou seja: o mecanismo do Carma. Aprendemos que os resíduos da energia psíquica produzida por nós, em todas as ocasiões, eram parte integrante de nosso perispírito e que, para podermos progredir, precisávamos eliminar aqueles que já não eram condizentes com nosso estágio evolutivo. Ainda me lembro das palavras de Paulo, em nossa última reunião:

— Não se trata apenas de não mais sermos capazes de reincidir nos erros de outras vidas, mas de anular as vibrações que essas atitudes agregaram ao nosso perispírito. É também nosso dever influir no ambiente a que pertencemos, dentro de nossas possibilidades, contribuindo assim para a sua evolução. Exatamente como já vimos aqui, em outras reuniões.

Compreendi mais tarde, já em outras vidas, que não passamos por esse processo de crescimento sem sofrer, embora minhas dívidas — se é que o termo cabe aqui — tenham sido muito atenuadas por eu ter desistido espontaneamente de minha vingança."

Sérgio interveio novamente.

— Alguém quer comentar alguma coisa ou fazer alguma pergunta?

— Guilherme, sou um espírito em evolução. Queria entender por que Mirna podia ver os filhos e o marido, enquanto que eles não podiam vê-la? Fala-se muito a esse respeito, mas eu não consigo entender como isso acontece. Afinal, pouco depois eles se abraçavam e conviviam numa outra esfera.

Foi Álvaro quem respondeu:

— Cada um de nós influi no ambiente em que se encontra e também sofre a influência dele. Daí a infelicidade de quem já alcançou um esclarecimento maior que a maioria das pessoas com quem convive, mas que não consegue partir para outras esferas. Está aprisionado pelas próprias vibrações e seu perispírito mantém as características adequadas àquele nível evolutivo em que ainda se encontra. Seus sentidos são os apropriados para o mundo em que ele está e não lhe é possível perceber o que vai além. Algumas vezes, quando o momento de transformação já está próximo, acontece alguma coisa que modifica a vibração daquele espírito, ainda que momentaneamente. Então a vibração com que ele tiver maior sintonia irá prevalecer. Foi isso que aconteceu, primeiro com Olavo, quando o peso do remorso abrandou seu sentimento de ódio. Quando pôde ver sua mulher, o processo de transformação se intensificou. Com seus filhos a lembrança da mãe e o bom relacionamento que tinham com o pai facilitaram tudo.

"Não tenham dúvida de que, se Hassan já estivesse preparado, também teria sido ajudado. Tenho certeza que Mirna o ajudaria.

"No que diz respeito à facilidade com que eles passaram para outro plano, não podemos esquecer que, quando o corpo espiritual se modifica, o espírito já se modificou antes, uma vez que é a transformação do espírito que provoca as modificações do perispírito. Não fosse assim, nosso corpo físico não seria adequado à próxima encarnação. É também por isso que não encontramos a menor dificuldade de adaptação quando vamos para um plano espiritual mais elevado."

Depois de alguns minutos de silêncio, Sérgio perguntou:

— Podemos continuar com a história de Olavo?

"Quando comecei a contar minha história, disse que iria me concentrar no mais importante. Falei da origem do meu ódio por Anael, de minha obsessão pela vingança e do momento em que fui ajudado a deixá-la de lado. Foram momentos muito importantes na minha vida, mas, como é lógico, meu aprendizado não parou por aí. Só que agora eu acho mais importante falar das descobertas, deduções e, finalmente, da incorporação daquilo que eu ia aprendendo, sem ficar demasiadamente preso a cada vida porque, embora tenham ocorrido fatos muito importantes e que colaboraram para a minha evolução, não representaram propriamente marcos isolados.

Como nômade minha sociedade era muito simples, quase uma família, como cheguei a dizer. Não conhecíamos, por exemplo, a honestidade ou a desonestidade. Compartilhávamos praticamente tudo, exceto um cavalo com características especiais ou uma espada melhor que as outras. Acontece que se essas riquezas eram conhecidas por todos, também os donos eram conhecidos e não adiantava cobiçar o que pudessem ter de precioso. A lealdade que dedicávamos uns aos outros era mais a consequência de um relacionamento muito estreito que propriamente uma virtude. Não eram meus valores, eram hábitos sociais. Por isso, quando encarnei numa sociedade muito mais complexa e não tendo uma estrutura própria de valores, limitei-me a observar o comportamento das pessoas à minha volta e deixei-me levar pelos exemplos.

Ainda na juventude tornei-me aprendiz de ferreiro, depois, ajudante de armeiro e, à medida que meu mestre foi ficando mais velho, fui ganhando reconhecimento profissional e fazendo minha própria clientela. O manejo da espada para mim não significava guerrear e eu nunca cheguei a lutar com ninguém, a não ser em treinamentos. Entretanto eu precisava conhecer a arte da esgrima, conquistar alunos e ter credibilidade para conseguir vender as armas que fabricava. Já contava com vários aprendizes quando meu mestre morreu e herdei seu negócio. Melhor dizendo, apossei-me dele, porque seus filhos não conseguiram tirar de mim os clientes que já me preferiam ao velho armeiro e acabei comprando o galpão e as ferramentas por um preço irrisório.

Certa vez um mercador mostrou-me uma espada muito mais leve que as que eu conhecia. Era curva e tinha um corte inacreditável. O homem a empunhou e disse-me que golpeasse a lâmina com qualquer espada que eu quisesse, fio contra fio. Fiquei espantado ao perceber que minha espada quase foi literalmente cortada pelo aço daquela estranha lâmina. O mercador então disse que poderia me vender as barras de aço para que eu forjasse minhas espadas. Na mesma hora comprei, sem regatear, as poucas barras que ele trazia, com a condição de que ele passasse a vender as barras de aço apenas para mim.

Já no dia seguinte, pela manhã, fui para a forja, coisa que já não fazia há muito tempo. Em geral todo o trabalho ficava por conta de meus aprendizes e ajudantes e eu me limitava a administrar.

O aço era fantástico, fácil de trabalhar e de pegar têmpera, embora fosse necessário cuidar para que a lâmina não ficasse muito quebradiça. A primeira peça que fiz foi uma pequena adaga, apenas como experiência. Animado com o resultado, dediquei os próximos dias a forjar uma espada. Compreendi que o manejo das armas que fabricávamos devia ser muito diferente daquele usado com as leves armas curvas. Nossos golpes quase sempre eram desferidos com muita força, de cima para baixo, aproveitando o próprio peso da espada para que conseguíssemos destruir uma armadura ou derrubar o oponente. Quem se defendia opunha o pesado escudo ou a sua lâmina ao ataque e com isso os contendores perdiam o equilíbrio a cada golpe, demorando algum tempo até recobrá-lo para continuar a luta. Ataques rápidos e menos potentes não seriam eficientes ou possíveis com nossas armas. Seriam também infrutíferos, pois o aço das armaduras era semelhante ao das espadas e não conseguiríamos cortá-las sem que os golpes fossem desferidos com muita força, contando ainda com o próprio peso de nossas armas.

Simplificando, a característica de nossa luta era o impacto, era anular cada golpe do adversário antes de revidar. As lâminas curvas foram idealizadas para cortar, o que faziam com eficiência graças às qualidades excepcionais de seu aço. Deviam ser usadas para desviar os golpes recebidos, sem anulá-los. A própria inércia da lâmina que nos atacasse iria deixar o adversário exposto a um contra-ataque mortal.

Percebi que nossos clientes estavam muito acostumados a lâminas retas para aceitarem com facilidade a ideia da espada curva. Resolvi, então, forjar uma lâmina reta, mas que seria muito mais leve. Ainda trabalhava nela quando uma fagulha atingiu meu olho direito e me cegou.

A partir daí não quis mais trabalhar na forja, embora seguisse de perto o trabalho de minha equipe, porque o aço especial exigia cuidados bem maiores. Também não dava mais aulas de esgrima, porque a cegueira de um olho não permitia que eu avaliasse corretamente as distâncias. Embora tivesse encarregado algumas pessoas de continuar ensinando em meu lugar, isso nem seria necessário porque as armas que eu fabricava já eram famosas. As encomendas não paravam de crescer e até a maneira de combater foi se modificando, mas aos poucos o lucro foi diminuindo. O fornecedor de aço estava bem a par do progresso de meus negócios e cobrava cada vez mais pela matéria-prima.

Uma vez, depois de um aumento particularmente abusivo, tomei a decisão. Não me deixaria mais explorar. Ele não tinha limites para sua ganância? Então, eu mesmo passaria a comprar o aço do seu fornecedor.

Mandei um homem de minha confiança se infiltrar na caravana do mercador e poucos meses mais tarde já sabia de tudo, em detalhes, onde e de quem comprar. Fui procurá-lo imediatamente e me surpreendi ao constatar o lucro astronômico que o intermediário ganhava à minha custa. Percebendo a enorme margem de lucro que poderia ter apenas com o comércio do aço, procurei outros armeiros para oferecer-lhes a mercadoria de que antes apenas eu dispunha e consegui demanda suficiente para absorver toda a produção de aço disponível, o que me foi garantido por contrato. Isso fez de mim um homem muito rico e levou meu antigo fornecedor à falência.

Tornei-me um grande negociante e ainda viajava a negócios com prazer, embora não precisasse disso para ganhar a vida. Como vocês podem ver, minha experiência como nômade ainda tinha muita influência sobre mim.

Em minha concepção eu não era um homem violento, mas estava longe de ser uma pessoa justa. Achava que o lucro nos negócios pertencia sempre aos mais espertos e costumava dizer sempre que o dinheiro e o tolo nunca andam juntos. Minha justificativa para agir assim? A atitude de todos. Aprendi daí, mais tarde, que absorvemos mais facilmente os vícios da sociedade em que vivemos que as virtudes de alguns de seus raros e melhores membros. Principalmente porque os virtuosos são em menor número, ou talvez seja porque o caminho correto seja mais difícil. Só sei que é preciso amadurecer muito para conseguir ter a personalidade suficientemente forte para não se deixar levar. O argumento de que "afinal, todos agem assim" não nos deve bastar. Nossos ganhos materiais são desprezíveis porque ficam na matéria. A percepção de nossos erros e fraquezas são mais significativos porque precisaremos nos livrar deles, na espiritualidade ou numa outra vida. Não nos portamos como a maioria? Não importa. Sejamos um bom exemplo em vez de seguirmos um modelo errado.

Mesmo que não sejamos violentos, a violência existe nas esferas em que podemos habitar. Isso não nos satisfaz? Paciência! É o mundo a que pertencemos porque é o condizente com nosso estágio evolutivo. Afinal, eu apenas achava que não era uma pessoa violenta, mas me apoderava dos bens dos outros com outras armas, violentando seus direitos de acordo com a lei. Da mesma forma que, numa luta, um golpe de espada provoca uma reação, uma atitude legal e moralmente errada também. Desperta ódio, inveja, cobiça e eu não estava em condições de me colocar fora do raio de ação dessas vibrações porque sabia que num conceito mais alto de justiça eu estava errado. Aquele convite precioso para que me tornasse um homem de boa vontade não tinha sido aproveitado porque eu não compreendi que ele era também um conselho para que aprendesse a amar o próximo. Não aproveitei o conselho porque estava muito ocupado em amar a mim mesmo, a provar que era superior e mais inteligente que a maioria.

Fui assassinado num lugar ermo, bem deserto, quando viajava trazendo minha mercadoria. O assassino era o antigo fornecedor de aço que eu ajudara a transformar num assaltante. Ele e seu grupo me odiavam e cortaram minha cabeça, deixando meu corpo sobre a mesa, no avarandado luxuoso de minha tenda, trajando roupas bordadas condizentes com minha posição social. Os serviçais que não foram mortos durante o ataque fugiram e não se deram ao trabalho de voltar para me enterrar.

Fiquei perto de meu corpo o tempo suficiente para ver a poeira fina do deserto se depositar sobre a exudação viscosa de minha pele inchada e os insetos começarem seu trabalho de transformação da matéria. A lição que me ficou foi que a violência tem muitos aspectos, nenhum deles proveitoso para quem a pratica.

Mirna foi minha mãe na encarnação que se seguiu e me ajudou muito, mas meu pai era um navegante e raramente estava conosco. Para dizer a verdade, eu e meus irmãos mal o conhecíamos e não foi uma grande perda quando soubemos que ele tinha morrido num naufrágio em algum lugar desconhecido.

Segui seus passos e fiz carreira como marujo, afastando-me, assim, da boa influência de minha mãe e novamente tratei de me adaptar ao mundo que me cercava, com seus princípios e valores. Aprendi, por exemplo, que os corsários eram heróis que se esforçavam para enriquecer sua pátria. Os chefes da igreja os abençoavam antes das viagens e ninguém ousaria chamá-los de assaltantes dos mares. Eram admirados e a maioria dos jovens queria fazer parte daquele grupo de bravos aventureiros.

Eu era muito jovem, franzino e aparentava ser pouco mais que uma criança quando me apresentei como voluntário para a primeira viagem. Não fui logo aceito. As pessoas que estavam perto do homem responsável pelo recrutamento começaram a me ridicularizar e eu perdi a calma. Insultei o mais atrevido e ele apanhou um bastão, dizendo que ia dar-me uma lição. Apanhei outro bastão sem pensar e, sem saber como, atingi meu adversário por diversas vezes sem que ele conseguisse me tocar. O deboche dos colegas então recaiu sobre ele que, completamente transtornado, apanhou uma espada e atacou-me antes que seus companheiros pudessem impedi-lo. Eu não opunha o bastão à lâmina, o que o teria partido ao meio. Limitava-me a desviar a direção dos golpes que eram desferidos cada vez com mais força, o que desequilibrava meu adversário. Então, antes que ele recobrasse o equilíbrio, eu o atingia novamente. Em pouco tempo meu bastão tinha aberto um talho em seu couro cabeludo e o sangue escorreu, o que o irritou ainda mais. Ele então quis apanhar a pistola que um de seus companheiros trazia ao cinto, mas eles conseguiram segurá-lo apesar de seus esforços para se soltar. De repente ouvimos um grito autoritário.

— Basta! Você quis dar uma lição e acabou levando uma. Ou aprende a lutar melhor ou trate de engolir a vergonha porque eu não vou perder um homem desses por sua causa.

Era um oficial, ou o que correspondia a isso entre os corsários. Não tinha me chamado de rapazinho, como os outros. Para ele eu era um homem valioso!

Vejam só! Estava eu novamente vivendo pela espada, acreditando ser um herói, motivo de orgulho para minha mãe e meus irmãos. Não vivia nenhum conflito íntimo e, na verdade, não tinha inimigos. Até o homem com quem eu tinha lutado acabou ficando meu amigo. Afinal, eu era protegido do comandante do navio. Além disso, meus adversários não tinham rosto. Eram tripulantes de outros navios que navegavam sob outras bandeiras. Meu trabalho era combatê-los.

Com o tempo me transformei num homem grande e forte. Comandava um dos grupos de abordagem e nunca tinha sido derrotado. Pela minha posição de chefia eu ganhava uma boa parte do saque dos navios que tomávamos, fui juntando dinheiro e já dispunha de uma soma considerável, guardada com minha mãe. Então, ainda muito cedo, comecei a ter problemas de visão que se agravaram com muita rapidez. Estava enxergando muito mal quando voltei de minha última viagem e fui falar com meu comandante, amigo e companheiro de muitos anos. Foi um momento muito triste para nós dois, ele deu-me um prêmio extra pelos meus bons serviços e se foi, em outra viagem. Não nos vimos mais.

Com o dinheiro que tinha guardado comprei um barco pesqueiro e, antes que ficasse completamente cego, ensinei tudo o que podia a meus dois irmãos mais novos. Foi o que sustentou a mim e a minha família até o fim da vida, quando fui vítima de algum tumor nas entranhas e morri bem cedo.

Como vocês devem ter imaginado, tanto a cegueira quanto a doença que me matou foram consequência das vibrações destrutivas de ódio e vingança do passado. Ainda assim não fui assassinado ou torturado, pude partir do mundo material nos braços de minha mãe e cercado pela família que eu deixava em condições de se sustentar com dignidade. Pela primeira vez pude perceber o sofrimento que minha morte causaria a todos e, embora isso também me fizesse sofrer, eu experimentava um sentimento doce de ter realizado alguma coisa de proveitoso, de ter sido amado.

Com o tempo e os bons conselhos dos espíritos amigos que minha mãe soube conquistar, fui aprendendo, mas percebi que a vibração que ela me mandava foi se modificando, ficando mais leve. Não demorou muito para que ela também partisse para a espiritualidade e logo nos reuníamos novamente. Não demoramos a voltar à matéria.

Por alguma razão acharam que poderíamos progredir mais rapidamente se partíssemos logo para outra encarnação. Ainda assim participei de várias reuniões em que insistiam no mesmo ponto, convidando-nos a deixar de lado antagonismos e fazendo com que nos convencêssemos de que, se estivermos errados, não ganharemos nada em persistir, impondo nossa vontade, porque progredir é descobrir os próprios erros, superá-los e, a partir daí, definir novos rumos.

"Não importa quem esteja certo: você, seu amigo ou o inimigo", costumavam dizer. "O que realmente importa é perceber a verdade, aprender e progredir."

Hoje entendo que a razão maior era dar-me oportunidade de me livrar o quanto antes de grande parte da carga vibratória que ainda tinha agregada ao perispírito. Ao mesmo tempo vi, nas experiências que se seguiram, minhas fraquezas serem expostas por vários pontos de vista diferentes.

Quando nossa irmã Juliana contou sua história eu compreendi muito bem tudo o que foi dito sobre a arte e o culto ao amor pelo belo a que ela nos conduz porque também fui abençoado com aquela chama. Fui um cigano, violinista de talento, razoavelmente rico, forte e bonito. Dessa vez foi a vaidade que me venceu.

O artista é sempre expansivo, mesmo que aparente ser a pessoa mais tímida do mundo. Sua arte é a demonstração incontestável disso, é a própria expansão. Mas eu não era tímido e sentia um prazer enorme em ser o centro das atenções.

Como todos os verdadeiros artistas, eu tinha a capacidade de perceber sutilezas de detalhes e poderia ter sido um pintor, como Juliana, mas teria escolhido a música de qualquer forma. O trabalho do pintor pode ser apreciado na sua ausência, enquanto o músico intérprete está necessariamente presente para receber os aplausos.

Estava novamente casado com Mirna. Seu nome agora era Senira e tínhamos dois filhos de que eu não cuidava por estar demasiadamente ocupado comigo mesmo.

Não me preocupava nem um pouco em me proteger do assédio das mulheres, o que prejudicou muito o relacionamento proveitoso que poderia ter com minha mulher. Depois de algum tempo apenas vivíamos sob o mesmo teto e acabei tendo mais dois outros filhos fora do casamento, Simeon e Rubin. Suas mães pertenciam a diferentes grupos familiares que viajavam em companhia do meu clã com muita frequência. Se uma delas não representou nada para mim, a outra foi muito especial.

Chamava-se Angelina, era linda, vaidosa, fútil, mas acima de tudo apaixonada e ciumenta. Estava sempre disposta para o sexo e, mesmo sendo ela a amante, odiava Senira com todas as forças, o que era motivo de constantes brigas entre nós. Afinal, eu era uma pessoa de destaque em nossa sociedade, tinha que me comportar segundo suas normas e não tomaria nenhuma atitude que pudesse ferir minha mulher. Eu a amava, apesar de tudo. No fundo eu reconhecia que devia envergonhá-la muito com minhas atitudes levianas porque todos sabiam das minhas relações com outras mulheres, embora não se comentasse nada abertamente. Muitas vezes senti remorsos por traí-la, mas não me animava a modificar meu comportamento. Não era só o prazer que desfrutava com minhas amantes, mas também o olhar de inveja e admiração dos outros homens. Principalmente quando se tratava de Angelina.

Ela costumava ganhar dinheiro dançando nas tabernas e nas praças públicas das cidades onde se apresentava, ao som de minha música. Dançava olhando para mim, sorrindo, deixando claro que toda a sensualidade que ela transmitia em sua dança me era destinada. Ainda assim eu a deixei.

Não me afastei apenas porque ela representasse uma cobrança, uma carga para mim, ou para tentar refazer minha relação com Senira, mesmo porque eu continuava me envolvendo com outras mulheres. Era alguma coisa estranha, algum mal-estar que eu sentia quando estava junto de meus filhos bastardos, um sentimento que se acentuava à medida que iam ficando mais velhos. Eu os sustentava e tentava fazer o que estivesse ao meu alcance para dar-lhes uma vida confortável e razoavelmente feliz, mas havia entre nós uma antipatia recíproca muito forte. Embora não pudesse saber disso, estando na matéria, eu começava a reencontrar os desafetos de outras vidas. Os dois filhos que eu tivera fora do casamento eram antigos companheiros, tínhamos sido comparsas de Anael e, mais tarde, havíamos nos reencontrado como amigos, vivendo entre os nômades. Passaram a me odiar quando mandei libertar os que tinham mandado nos assassinar.

Talvez até por isso os dois fossem tão amigos, inseparáveis mesmo, o que me intrigava. Afinal, seria mais natural que disputassem minha atenção e até se odiassem.

Eu já não tinha mais nada com as duas mulheres, suas mães. Rompi com Angelina, quando ela fez mais uma de suas cenas de ciúme. Perdi a calma e a espanquei brutalmente, depois saí. Disse-lhe que continuaria a sustentar nosso filho enquanto ela não me incomodasse. Ela jurou vingança, mas não lhe dei ouvidos.

Pouco tempo depois me envolvi com Myriam, mulher de Zorin, membro importante de outra família. Estava seguro de que ninguém suspeitava de nada, porque éramos muito discretos. Só a encontrava em lugares afastados e quando seu marido viajava a negócios. O que eu não imaginava era que Angelina me vigiava desde que eu a abandonara e que só esperava uma oportunidade para se vingar.

Tão logo percebeu como aconteciam meus encontros com Myriam, ela procurou Zorin e contou-lhe tudo. Primeiro ele não acreditou, depois quis me matar na mesma hora, mas Angelina conseguiu convencê-lo a ter paciência.

— Você também seria morto — disse ela. — Ele é um homem importante. Se quer lavar sua honra com sangue precisa apanhá-los em flagrante e matar os dois. Só assim ninguém fará nada contra você.

Estávamos na cama, Myriam e eu, quando a porta foi derrubada e entraram o marido dela e seu irmão. Ambos estavam armados com facões e me atacaram, acabando por me derrubar na cama. Zorin gritou para que o irmão segurasse a mulher e golpeou-me. A lâmina chegou a abrir um corte profundo em meu abdômen, mas a estocada não se completou. Alguém tinha saltado sobre ele e, apesar da escuridão, pude perceber que outra pessoa atacava o irmão de Zorin com um bastão, derrubando-o com um golpe. Então os dois se voltaram contra Zorin, que acabou fugindo.

Acenderam uma vela para ver como eu estava e só então percebi que tinha sido salvo por meus filhos bastardos. O ferimento me doía muito, mas eu não me preocupava. Algo de bom tinha acontecido e, embora nenhum de nós três dissesse nada, sentíamos que havíamos superado alguma coisa muito importante e havia doçura em nosso olhar.

Levaram-me para casa e disseram que eu tinha sido assaltado, mas Senira não acreditou. Estava escrito nos seus olhos. Mesmo assim cuidou de meus ferimentos e mandou chamar o curandeiro, que chegou logo depois.

O ferimento infectou e, no dia seguinte, eu já estava ardendo em febre e delirando. Em meus sonhos eu via um homem estranho, com feições que lembravam a cara de um boi. Passou um tempo cuidando de mim, mas acabou olhando para um homem de turbante e balançando a cabeça, como se dissesse que não havia nada a fazer.

Despertei na espiritualidade, mas não era Toum, o Boi, que estava junto a mim. Embora o ambiente fosse um pouco rústico, eu recebia cuidados de maneira muito semelhante à que acontece aqui, na Casa da Esperança.

Estava confuso, ainda pouco lúcido, mas pude reconhecer algumas pessoas que tinham me ajudado quando desencarnei da vida anterior. Achei estranho encontrá-las naquele ambiente mais evoluído, mas quando perguntei se não trabalhavam mais no mesmo lugar de antes, a chefe da equipe, uma senhora muito simpática e sempre solícita respondeu apenas: "O progresso é para todos, irmãozinho."

Já havia passado algum tempo, eu me sentia bem melhor e conseguia me lembrar de algumas coisas de vidas passadas. Frequentava reuniões com um pequeno número de participantes, apenas aqueles que deveriam ter alta em breve e o orientador. Ele parecia estar a par de tudo a respeito de cada um, mas nunca foi indiscreto. Disse que, quando saíssemos de lá, poderíamos fazer parte de outros grupos, mais adequados ao estágio evolutivo de cada um de nós. Explicou que sua função ali era aproveitar o tempo disponível enquanto nossos perispíritos estivessem em recuperação e tirar algumas dúvidas.

Uma vez fui procurá-lo depois da reunião. Confessei que não tivera coragem para tratar do assunto em público, admiti não ter progredido muito na vida anterior e que não compreendia como podia ter sido atendido numa esfera mais evoluída.

— Não é apenas o nosso estágio evolutivo que nos prende ao ambiente espiritual que habitamos — explicou. São também as energias dos laços cármicos que criamos. Quando Simeon e Rubin viram que não podiam permitir que você fosse assassinado sem fazer nada para impedir, perceberam que o amavam, de alguma forma. Aqueles laços de ódio se desfizeram e aliviaram seu carma o suficiente para que você pudesse progredir mais um pouco.

No fundo você nunca os odiou. Não se sentia bem junto deles porque era alvo das suas vibrações. Na verdade, tanto um quanto o outro deveriam ter sido filhos de Senira, mas as vibrações de amor que vocês tinham um pelo outro não eram compatíveis com as que eles emanavam.

— E Angelina? Eu já a conhecia?

— Não. Seus laços cármicos eram com Simeon e Rubin. Afinal, nossas vidas não são feitas apenas de reencontros. São muito frequentes novos relacionamentos com quem temos alguma afinidade.

— Eu vou poder retribuir a meus filhos, Simeon e Rubin, pelo que eles fizeram?

— Eles também se libertaram de energias pesadas. Deram um passo significativo para a própria evolução e não precisarão de sua ajuda para colherem os frutos que já lhes pertencem. Se a vida fizer com que vocês se reencontrem, será em condições de harmonia e poderão se ajudar mutuamente.

— E Senira?

— Tenha paciência. Espere até ser preparado para a próxima vida. No momento certo você saberá o que for permitido."

Nesse momento Sérgio interrompeu a narrativa.

— É com muita pena que eu interrompo sua história, Olavo. Mesmo porque não sei se vou conhecê-la até o fim, mas devemos continuar na próxima reunião. Você mesmo fez comentários muito importantes, mas ainda ficou muita coisa para se aprender antes de passarmos adiante.

Álvaro pediu a palavra e disse que Sérgio os acompanharia até o final da história de Olavo, porque havia uma razão para isso. Quando quiseram saber por que, disse apenas que ainda não era oportuno tocar no assunto. Então, agradeceu ao Pai pelo simples fato de existir e por fazer parte de uma criação tão perfeita, aos espíritos superiores pela paciência e disponibilidade e a Olavo por mais aquela oportunidade de aprender. Terminou com as mesmas palavras que Sérgio costumava dizer.

"O Pai os acompanha, porque está em cada um de nós."

Sérgio e Álvaro conversavam junto ao lago, como de costume.

— Você disse que eu vou ter alguma relação com Olavo na próxima reencarnação?

— Não poderia ter dito isso porque não sei. Apenas fui informado do que tinham decidido, mas não acho que será nenhum mistério. Com certeza a própria história de Olavo irá deixar claros os motivos.

— A concepção do meu corpo será adiada?

— Não creio. Só mesmo uma razão muito forte poderia justificar uma coisa dessas. O processo reencarnatório terá início e você ficará em repouso e preparação o tempo todo, só sendo liberado para as reuniões até o fim da história de Olavo.

— Por que o momento da fecundação é tão importante? Ainda não aprendi nada a respeito.

— Existem, no Universo, inúmeros núcleos de matéria e, consequentemente de vida material, o que significa núcleos de produção de energias psíquicas diferenciadas. A proximidade relativa entre esses núcleos disponibiliza energias que interagem e se combinam de maneiras diferentes a cada instante, influenciando nas características vibratórias do local em que está ocorrendo a concepção. Essas energias serão utilizadas na formação do novo corpo, combinadas com as dos nossos perispíritos e com as que são geradas por nossos pais biológicos. O momento da fecundação é escolhido por ser o mais apropriado, o mais adequado para o espírito que vai encarnar. Os magos antigos da Terra sabiam disso e daí nasceu a astrologia, mas de modo geral ela é usada equivocadamente. Acham que uma pessoa terá determinadas características por ter sido concebida ou por ter nascido num determinado momento, quando o que ocorre é justamente o oposto. As características de cada espírito é que determinarão o momento mais adequado para que seu corpo seja concebido.

"Ainda assim, a astrologia se justifica, pois os momentos da fecundação e do nascimento de uma pessoa permitem que se conheçam suas características."

— É muita coisa para aprender! — disse Sérgio, sorrindo.

— Será sempre assim, meu amigo. Se você achar que não saber é um sofrimento, irá penar pela eternidade. Se descobrir que aprender é bom, terá como ser eternamente feliz.

— Quando Olavo foi corsário deve ter matado muitas pessoas. Ainda assim, quando chegou à espiritualidade sua situação era muito melhor do que na vida anterior, quando foi mercador e não matou ninguém. Por quê?

Era a primeira pergunta depois que a reunião tinha começado. Foi Álvaro que respondeu. Tinha combinado com Sérgio agirem assim, para que as pessoas se acostumassem à mudança que aconteceria na direção dos trabalhos.

— Por um problema de foro íntimo. Em sua vida como corsário a consciência de Olavo não o acusava de nada. No seu conceito, ele tinha sido um homem bom e cumpridor de seus deveres, responsável para com sua família, bom filho e irmão. Lembram da historinha que contei sobre um selvagem que se fosse morar numa casa muito modesta se sentiria no paraíso? É exatamente o mesmo caso do Olavo Corsário. O ambiente adequado ao seu perispírito estava mais próximo daquele que seu espírito podia idealizar. Com isso ele se sentia feliz. Seguramente seus adversários pensavam da mesma forma e não se odiavam nem se perseguiam na espiritualidade. Foi diferente na sua vida como mercador. Naquela ocasião, suas atitudes geraram ódios, propiciando a criação das energias que mais tarde se voltaram contra ele. Além disso, a impiedade e egoísmo de suas vibrações, naquela época, fizeram com que ele não pudesse se proteger.

— Mas ele não adquiriu um carma com as pessoas que matou quando era corsário?

— Sem dúvida. Talvez até sua morte, na vida como cigano, seja parte dessa expiação, embora possa ser ainda consequência dos laços cármicos com Anael. O que precisamos compreender é que sofremos com a finalidade de aprender. Se não estivermos preparados para a lição que o sofrimento possa nos trazer, ele será infrutífero, desnecessário. Seria como uma vingança do Pai, o que é absurdo pensar. Por outro lado o aprendizado é uma dádiva. Por isso, quando estamos na matéria, às vezes achamos que a vida é injusta, o que equivaleria a dizer que o Pai é injusto. Pensamos assim porque muita gente boa sofre, enquanto que os maus gozam das vantagens que conseguiram com suas más ações, mas o que acontece é que essas boas pessoas só agora chegaram ao estágio evolutivo adequado a aprender com o sofrimento.

— Sou Roberto, um espírito em evolução. Pensei que evoluíamos sempre, mas acho que o desempenho de Olavo em sua vida como cigano ficou abaixo do que ele alcançou como corsário. Ele involuiu?

— Não, de maneira nenhuma! O que aconteceu com ele e ocorre também com cada um de nós é que estamos sempre sendo confrontados com nossos pontos fracos em nosso processo evolutivo e algumas experiências podem ser mais desastrosas que outras. Mas é importante ficar bem claro que aquilo que aprendemos e incorporamos representa uma aquisição permanente. Vejam bem! Eu disse que "aprendemos e incorporamos". Só usei a palavra "aprendemos" porque é impossível incorporar ensinamentos que não tenhamos aprendido. De nada valerão as verdades que tenhamos escutado e memorizado. Primeiro, porque a preocupação em memorizar demonstra que nem chegamos a *sentir* aquilo que foi ensinado, o que tornaria desnecessárias as palavras usadas na definição ou enunciado. Com boa vontade podemos agir segundo o que nos foi ensinado, o que é até meritório e que, assim como a memorização, pode fazer parte do nosso processo de incorporar ensinamentos, mas só quando o saber está estratificado dentro de nós é que podemos dizer que o adquirimos permanentemente.

"Ainda assim, todo o movimento que fizermos em direção à evolução será proveitoso. O egoísta que procura parecer caridoso está mostrando, com suas atitudes, que considera o egoísmo errado e que admira a caridade. No fim, os ideais sempre acabam prevalecendo. É uma questão de tempo.

"Quando Olavo falou do momento em que decidiu libertar Anael e Arat, ele nos mostrou uma coisa muito importante. Estava passando a agir de acordo com seus novos princípios e, apesar de seus sentimentos de ódio, abriu mão da vingança. Isso mostra que somos capazes de agir segundo nossa vontade, mas que estaremos nos enganando se não quisermos admitir quais são os nossos verdadeiros sentimentos.

"Quando constatamos a diferença que existe entre nossos sentimentos e as atitudes que resolvemos tomar, em função de nossos princípios, é que temos a visão mais clara do que podemos conquistar, no limite máximo de nossas possibilidades.

"Quem se esforça para aprender e incorporar o aprendizado sofrerá menos para evoluir. Quem procurar no sofrimento a lição que ele poderá encerrar, irá anulá-lo assim que conseguir encontrar essas razões. Só pagamos pelo aprendizado na hora certa, ou seja: quando estamos preparados para aprender. A história de Olavo e seus comentários nos mostraram isso o tempo todo. Por favor, Olavo, continue."

"Sofri muito quando disseram que eu não poderia encontrar Senira na espiritualidade. Ela tinha evoluído mais que eu e não podíamos viver no mesmo plano espiritual. Soube que ela se dispôs a me visitar quando eu estivesse com o perispírito recuperado, mas eu não poderia ir até onde ela se encontrava.

Senti-me um pouco melhor depois de saber que ela concordava em me acompanhar em mais uma experiência na matéria, mas que eu deveria me preparar para isso. Seria um aprendizado longo, porque ela seria meu pai, dessa vez. Eu esperaria não só que ela encarnasse, como também o tempo necessário para que meu corpo pudesse ser gerado. Também teria muito que aprender nesse meio tempo.

Já por várias vidas eu tinha passado por experiências que vieram a desenvolver minha intelectualidade. A maioria dos meus pontos fracos eram consequência da falta de uma estrutura filosófica e ética. Os atributos físicos que eu tivera como cigano, para quem demonstrava tendências a uma vaidade tão exagerada como eu, seriam muito mais prejudiciais que benéficos para meu progresso. Precisaria ser um homem culto, já que era inteligente o suficiente para me destacar. Para isso, numa sociedade de classes, eu precisaria nascer em condições de certo modo privilegiadas.

Meu pai chamava-se Andrez. Trabalhava na corte como cozinheiro, era disputadíssimo entre os nobres e sua fama era conhecida até fora do país. Aprendeu seu ofício desde cedo, ainda criança, e tudo que conseguiu foi por mérito próprio. Costumava dizer que o poder pertencia aos nobres e à igreja porque só eles tinham acesso ao saber, não por força de lei, mas pela própria estrutura da sociedade que não dava ao cidadão comum nenhuma oportunidade de aprender. Deu-me então uma instrução que não ficava nada a dever à que recebiam os príncipes e nobres de maior destaque. Melhor ainda, porque aprendi coisas consideradas menos dignas para um nobre, como noções de Veterinária e Medicina. Até arte culinária eu aprendi a fundo com meu pai, mas contra minha vontade. Na verdade ele não se deu conta de que, ao me dar uma cultura tão vasta, desenvolveu em mim uma enorme inveja dos bem-nascidos, menos inteligentes, menos cultos, mas que tinham tudo o que queriam.

Começava o movimento revolucionário no país e passei a defendê-lo com todas as minhas forças. Ajudava a planejar as ações e a divulgar nossas ideias junto ao povo, até que o movimento explodiu. Eu estava bem informado e sabia que permanecer junto à nobreza era a pior opção naquele momento. Como minha mãe tinha morrido há alguns anos, eu só tinha meu pai e um irmão mais novo como família. Convenci-os a viajar.

Meu pai tinha economizado uma pequena fortuna em todos aqueles anos de trabalho e fomos para o interior esperar até que tudo se acalmasse.

Quando a revolução foi vitoriosa, soube das impiedosas execuções em massa e, apesar de meus ideais, fiquei profundamente chocado em saber que várias das pessoas com quem eu convivera tão de perto haviam sido mortas.

Demorou ainda algum tempo até que voltássemos à capital. Meu prestígio entre os revolucionários era grande o suficiente não só para que meu pai não fosse incomodado, mas até para que ele tivesse facilidade em conquistar novamente, com sua arte, uma posição de destaque na classe que agora se tornava dominante.

Consegui uma posição como intendente, ou seja, tinha a incumbência de comprar tudo de que as forças armadas necessitavam, inclusive alimentos. Em pouco tempo eu tinha combinado com alguns produtores da região dar-lhes preferência em troca de comissões que me seriam pagas em mercadorias. Com isso pudemos usar o dinheiro de que dispúnhamos para comprar um imóvel, mas meu pai não sabia que eu estava sendo desonesto.

Abrimos um restaurante de luxo que logo se tornou famoso, frequentado pelas pessoas mais destacadas da sociedade. Meu pai reconhecia que devia a mim a situação de que agora desfrutava e, acostumado a ser humilde e servil para com os nobres, também via em mim um jovem de prestígio, poderoso por minhas amizades e que devia ser respeitado. Não foi suficientemente firme em minha educação.

Se eu não o ajudava nem na administração do restaurante, imagine nas tarefas da cozinha! Até achava que minha ajuda de nada valeria, porque ele dispunha de uma equipe muito bem treinada. O que eu não sabia era que as receitas que tinham feito sua fama possuíam uma característica muito especial porque entravam em sua confecção certos molhos e conservas que eram o fundamento de suas criações. Ele mesmo fabricava esses insumos. "Seus segredos", como costumava chamar. Ficava horas trancado, trabalhando sozinho numa espécie de copa, anexa à cozinha principal. Muitas vezes me chamou para ajudá-lo nesses preparos, mas eu nunca fui, embora ele dissesse que era ali, naquela pequena copa, que estavam seus mais preciosos segredos. Eu, no entanto, não considerava precioso nada do que saía daquela cozinha, como também achava que meu pai não era mais que um homem ignorante com certo talento e um coração muito bom."

Olavo parou de falar por alguns momentos e enxugou os olhos com a mão. Estava visivelmente emocionado.

"Um dia fui procurado por um oficial que eu conhecia muito bem. Pediu-me para conversar em particular e eu o recebi no próprio salão do restaurante, que estava sempre vazio àquela hora. Ele foi direto ao assunto. Sabia que eu agia com desonestidade e, antes que eu protestasse, fez com que me calasse, apenas com um gesto de enfado.

— Vamos lá, meu amigo. Vamos economizar tempo! Você foi autor de artigos que inflamaram o povo, tornou-se quase um herói popular. Não nos interessa crucificá-lo. Seria má propaganda. Só queremos que você escreva uma carta demitindo-se de suas funções para cuidar de seus interesses.

Engoli em seco. Sentia uma vergonha enorme e limitava-me a olhar para o chão. O oficial levantou-se, demonstrando que não tinha mais nada a dizer, mas parou ao chegar à porta.

— Só para satisfazer minha curiosidade. Você nunca foi um patriota de verdade, não é? Fez o que fez apenas para se vingar por não ter nascido nobre.

Não foi uma pergunta, foi uma afirmação. Além disso, a resposta estava estampada na minha face lívida.

— Foi o que pensei — dizia ainda, enquanto saía e eu o insultava em voz baixa.

'O que você esperava?' — respondi em pensamento, depois que a porta se fechou. 'Que eu passasse também a minha vida queimando as mãos num fogão, como meu pai? Eu sou um homem de espírito, ouviu? Um homem de espírito!'

Vejam quanta arrogância, quanta prepotência. Meu pai me deu um tesouro enorme, que lhe custou toda a vida de trabalho, e eu não soube avaliar seu sacrifício, não aproveitei seu exemplo de dedicação e seriedade, nem valorizei sua enorme generosidade. Quando aproveitei o momento político apropriado para abrir o restaurante pensava mais em mim do que nele. Depois, sem nenhum peso na consciência, continuei a viver às suas custas e ainda me dava ao desplante de chamá-lo de ignorante!

Ele morreu de repente, trabalhando entre os molhos e temperos com que construiu sua vida. Já não deixava tantos bens como antigamente porque eu não me preocupara em economizar, agora que minha posição social não dependia de ter sangue azul nas veias.

Em pouco tempo me vi obrigado a assumir o comando da cozinha com meu irmão mais novo, mas não conseguíamos reproduzir aquela sutil combinação de sabores que fizera nossa fama e o restaurante começou a ficar vazio. Meus companheiros de pouco tempo atrás olhavam para mim com certo desdém e até fingiam não me ver quando me encontravam nas ruas. Talvez soubessem em que circunstâncias eu tinha sido afastado do governo.

Outros salões ficaram em moda e acabamos vendendo o restaurante para comprar outro, bem menor e mais simples.

Descobri que minha cultura era muito adequada para frequentar salões, mas que em nada me ajudaria para ganhar a vida. Tinha conhecimentos de veterinária, mas nunca tinha ficado entre os animais, cuidando deles e sujando as mãos com excremento.

Conhecia Física e Matemática, sabia como funcionavam as máquinas simples daqueles tempos, seria capaz de projetá-las, mas não tinha passado um único dia entre os operários suados que as construíam. Não tinha nenhuma experiência que me habilitasse a um emprego. Então, a única opção que restou, para mim e meu irmão, foi continuarmos com o restaurante. Tivemos que viver humildemente, como meu pai, mas sem ter sua genialidade, sua criatividade e, principalmente, o mesmo amor pelo seu trabalho.

Meu irmão e eu nos casamos com mulheres trabalhadeiras, simples e bondosas. Foram nossas companheiras fiéis e amigas na tarefa de ganhar o pão de cada dia, deram-nos filhos, mas a falta de cultura de minha mulher — chamava-se Luiza —, sua falta de horizontes, abria entre nós um abismo difícil de transpor. De qualquer forma nos dávamos bem e eu a respeitava, mas sentia uma solidão enorme. Estava bem consciente do erro que cometera com meu pai e não iria reincidir, desprezando as qualidades de seu bom coração.

Quando meus filhos e sobrinhos ficaram um pouco maiores resolvi que iria dar-lhes aulas. Não dispunha de dinheiro para contratar professores, mas pelo menos tinha preparo suficiente para ensiná-los.

Conseguia forçá-los a estudar enquanto eram pequenos, mas depois se recusaram a continuar com as aulas.

Meu filho mais velho chamava-se Andrez, como o avô, numa homenagem e reconhecimento tardios. Certa vez, quando eu fazia mais um de meus costumeiros sermões sobre a importância de estudar, ele tomou coragem e finalmente disse o que eu nunca mais esqueci.

— Vovô Andrez isso, vovô Andrez aquilo, ele não estudou e todo mundo fala dele até hoje. Você estudou como um nobre. E usou em que tudo aquilo que aprendeu? Só tem esse restaurante porque herdou dinheiro do vovô. Sem querer ofender, eu quero é trabalhar num outro restaurante onde possa aprender uma culinária igual à de meu avô, ou pelo menos no mesmo nível e depois abrir meu restaurante.

Foi um golpe muito duro para mim. Percebi que ninguém da família me apoiou nem repreendeu Andrez por suas palavras e que os dois ajudantes olhavam um para o outro com certo ar de riso. Deviam pensar como meu filho.

Depois de muitos anos Andrez realizou seus sonhos. Era dono de um restaurante famoso e veio me procurar quando eu já estava mais para o fim da vida. Passou a treinar meu pessoal uma vez por semana e fez com que o restaurante entrasse numa fase de grande progresso, ainda que os ganhos fossem limitados pelo tamanho e localização do estabelecimento. Graças a isso meu irmão, minha mulher, minha cunhada e eu tivemos um fim de vida modesto, mas digno. O restaurante ficaria para os sobrinhos e meu outro filho depois que eu e meu irmão morrêssemos. Espero, de coração, que ainda pertença a eles ou a seus descendentes, não pelo valor material que possa ter, mas pelo que representa para mim como lição de vida, de humildade e dedicação.

Mesmo estando mais idoso, fiz questão de aprender com meu filho o que não aprendi com meu pai. Morri poucos anos depois, dormindo, serenamente, e quando acordei o velho Andrez estava ao meu lado e sorria para mim. Ainda habita uma região mais evoluída que essa em que me encontro, mas participará de minha preparação quando chegar a fase de planejamento para minha próxima vida. Quem sabe não iremos continuar juntos?"

A assembleia estava em silêncio e emocionada. Depois de algum tempo alguém perguntou:

— Por duas vezes falamos aqui, nas reuniões, que não poderíamos viver na espiritualidade em companhia de quem estivesse mais adiantado do que nós. Depois essas mesmas pessoas conviveram na vida, encarnados. Como funciona isso?

— O corpo físico é muito mais denso. Não temos dificuldades em nos adaptar a um ambiente menos afinado com a nossa natureza. Por isso a vida material representa uma fase de nivelamento, quando virtuosos e pecadores, sábios e ignorantes, bons e maus convivem lado a lado.

"Certa vez, na vida material, ouvi alguém aconselhar uma pessoa a não ser tão arrogante porque, no fim, todos morrem e vão para debaixo da terra, em iguais condições, mas o espírito, sem o invólucro que o prende, mostra a sua evolução, particular e única. É na espiritualidade que as diferenças entre as pessoas aparecem de verdade.

Também é por isso que temos tantas oportunidades de aprender com exemplos bons e maus, quando estamos na matéria."

Outra pessoa perguntou:

— Quando Andrez se aproximou de você, já na espiritualidade, não disse nada, apenas sorriu?

Olavo estava sério quando respondeu.

— Disse, com muita tranquilidade, que tinha chegado a hora de superar os antigos ódios e eu fiquei aterrorizado. A simples ideia de reencontrar Anael me angustia de tal forma que eu nem consigo descrever.

"Ele ainda explicou que, naturalmente, Anael também tinha progredido durante todo esse tempo e que minha atitude, mandando libertá-lo, tinha confundido muito sua cabeça. Enquanto pensava, tentando entender o que podia ter acontecido, não me odiava tanto e acabou se tornando permeável à interferência das organizações de auxílio. Foi o começo de um longo trabalho de doutrinação, que só agora apresenta os resultados necessários à nossa reaproximação."

— Preciso dizer uma coisa que considero muito importante para você — disse Álvaro, dirigindo-se a Olavo. — Não sei se já percebeu como você e Anael sempre tiveram muito em comum. Se estou bem lembrado, sua história começou com a declaração de que nem você nem ele tinham escrúpulos. Também assumiu aqui ter agido com crueldade para destruir os concorrentes de seu amo,

Anael. Isso sem que estivesse revidando a nenhuma agressão. Era apenas o desejo de enriquecer que levava vocês a agirem do modo como agiam. É verdade que ele não hesitou em culpar vocês quando chegou o momento em que ele seria desmascarado. Mas eu me pergunto: se trocassem as posições será que você, Olavo, ou seus companheiros, não fariam exatamente a mesma coisa?

"Depois, tanto um quanto o outro mostraram a mesma impiedade em suas vinganças até o momento em que a evolução dos dois permitiu que fossem ajudados. Sabe o que eu concluo de tudo isso? Que apenas o fato de estarem lutando em campos opostos fez com que se odiassem tanto, apesar de serem tão semelhantes."

Todos, na assembleia, estavam em silêncio e pouco à vontade. Sabiam que tinha sido muito difícil para Olavo fazer aquela verdadeira confissão pública e alguns tinham até desistido de fazer certos comentários para não expô-lo ainda mais. Agora percebiam a vergonha que ele sentia ao se dar conta de que Álvaro tinha razão. Não era só a humilhação de ser comparado a quem ele havia criticado com tanta indignação. Era também se ver privado de sua principal justificativa para tantas atitudes de vingança e crueldade.

— Quero dizer, Olavo, que me incomoda muito perceber o sofrimento que estou causando a você fazendo esses comentários com tanta crueza, mas acho que os proveitos que poderá tirar dessa nossa conversa irão compensar, principalmente se recordarmos o comentário que Sérgio fez quando você falou aqui pela primeira vez. Ele disse alguma coisa assim: "Se somos espíritos em evolução, é natural que sejamos incapazes de cometer os mesmos erros de vidas passadas e que nos envergonhemos de muitas dessas atitudes." Sérgio também disse: "A única maneira de progredir é olhar de frente para os nossos erros e avaliá-los com cuidado para aprendermos o máximo com eles." Foi exatamente por isso que resolvi fazer esse comentário. Depois de ouvir a história que você nos contou com tanta coragem, sei que terá maturidade suficiente para usar essa descoberta. Afinal, foi uma descoberta, não é verdade?

Realmente Olavo estava muito abalado. Tinha a cabeça baixa, como se lhe faltasse coragem para olhar de frente para seus companheiros. Ainda assim acenou com a cabeça e depois de algum tempo conseguiu dizer:

— É verdade. É a mais pura verdade e faz com que eu me sinta ainda menor do que pensava ser e também mais arrogante.

Sérgio o interrompeu.

— Você esqueceu-se de dizer: "mais sincero e mais corajoso".

Olavo enxugou as lágrimas e sorriu. Para alívio de todos alguém perguntou:

— Seu planejamento então vai ser todo voltado para esse reencontro?

— Primeiro achei que seria praticamente só para isso, mas depois, com nossas reuniões, achei que deveria procurar na vida material algum lugar em que se fizesse um trabalho parecido com o nosso, aqui na Casa da Esperança. Não sei explicar por que, mas é como se eu soubesse antecipadamente que irei sofrer as más influências daquelas vibrações de antigamente e um apoio na vida material, semelhante ao que tenho aqui, poderá me ajudar muito — respondeu Olavo.

As atenções voltaram-se para Álvaro, como se esperassem ouvi-lo dizer que não havia o que temer, mas não foi o que aconteceu.

— Como eu disse na última reunião, só quando estamos preparados para aprender é que vivemos as condições necessárias para isso, o que às vezes pode significar sofrer, ser alvo de vibrações de que já nos imaginávamos livres e tudo mais que seja adequado ao melhor aproveitamento possível de nossa experiência. Mas vejam bem! Eu também disse que, assim que anulamos as vibrações que impedem nosso perispírito de alcançar um ambiente mais propício ao nosso adiantamento e também quando compreendemos a lição contida no sofrimento, ele cessa, por não ser mais necessário. Já expliquei mais de uma vez que não é só pelo sofrimento que nos livramos da carga nociva que criamos para nós mesmos em algum momento de nossas vidas passadas. Podemos emitir vibrações positivas que terão o mesmo efeito e que ainda serão proveitosas para outros em situação semelhante. Por isso, acho que Olavo está tomando uma atitude muito sensata em querer continuar estudando a espiritualidade mesmo quando estiver na matéria. Você não concorda, Sérgio?

Ele sorriu. Agora podia compreender por que lhe permitiram esperar até que Olavo acabasse de contar sua história.

Quando não havia mais perguntas, Sérgio pediu para fazer a prece.

— Meus irmãos, eu quero me despedir de vocês. Na verdade eu já não deveria estar presente nas reuniões porque o corpo em que irei encarnar já está em processo de formação. Ainda assim foi permitido que eu pudesse acompanhar a história de Olavo até o fim e tomar conhecimento de sua decisão de participar de estudos espirituais quando estiver na matéria. Fiquei muito feliz porque, a que tudo indica, seremos companheiros na vida material.

"Desde que estava concluindo minha preparação para nova encarnação decidi propor aos dirigentes dessa casa a criação de uma organização semelhante a essa, na matéria. Disseram-me que já havia muitas, que esse trabalho existe há muito mais tempo do que eu poderia supor, mas eu argumentei que tinha em mente alguma coisa realmente ligada a essa Casa. Que eles pudessem, daqui, acompanhar-nos em nossas tentativas, intuir-nos e dar-nos forças. Disseram que isso já acontecia. Então propus que isso fosse colocado de forma bem clara, para que aqueles que se preparassem aqui, na Casa da Esperança, pudessem ter uma oportunidade de retribuir por tudo o que tivessem recebido, continuando esse trabalho na vida material. Queria poder ajudar meus semelhantes da mesma forma, dar um exemplo de disponibilidade que contagiasse a todos como uma epidemia bendita. Foi quando me disseram que poderia acompanhar a história de Olavo até o final. Agora compreendo porque e não tenho como dizer o quanto estou feliz. Posso apenas pedir que se unam a mim nessa prece de agradecimento, para dizermos juntos, ao Pai, que já aprendemos esta lição: hoje sabemos que só quando nos preocupamos em fazer a felicidade do próximo é que conseguimos alcançar a própria felicidade; que o perdão que iremos conceder aos que nos feriram será a única forma de conquistar, para nós, o perdão das faltas que cometemos, porque Ele quer que caminhemos para a união absoluta, para a fraternidade perfeita em que a evolução não é desejada apenas para nós mesmos, mas para todos aqueles que estiverem ao nosso lado, mesmo que se trate de alguém que ainda se considere nosso inimigo.

"São nossas imperfeições que fazem com que sejamos diferentes uns dos outros e quem procura evoluir busca superar imperfeições. Se quisermos caminhar juntos para o progresso estaremos diminuindo cada vez mais nossas diferenças e conquistando, para todos, um mundo mais harmonioso, mais equilibrado.

"Que possamos dizer nesse momento e com toda a sinceridade, que é essa a nossa intenção. As vibrações da Espiritualidade Superior serão nosso amparo."

As luzes se apagaram e o silêncio era total. Então começou a se formar a névoa luminosa que sempre aparecia durante a prece de encerramento, mas sua luz azul era mais forte, daquela vez. As paredes pareciam se diluir sob aquela iluminação fantástica e era como se todos estivessem num grande globo azulado, brilhando no espaço, entre outras estrelas incontáveis.

Álvaro e Sérgio não se detiveram junto ao lago, daquela vez.

— Você agora precisa se recolher, meu amigo. Precisará aproveitar todos os momentos em que estiver desperto para planejar com seus instrutores os detalhes de sua nova vida. Também irá conhecer Andrez, ou Mirna, se preferir esse nome — disse Álvaro.

Sérgio despertou de seu sono tranquilo com algumas lembranças. Tinha ouvido vozes que se referiam a ele, mas não conseguiu entender o que diziam. Sabia apenas que aquele som transmitia a ele uma sensação agradável, de segurança e de afeto. Tinha certeza que era querido, que seus futuros pais o amavam. Mesmo agora, estando acordado, parecia-lhe ainda estar escutando aquelas vozes e disse isso ao orientador que estava ao seu lado.

— É uma coisa tão automática que nem percebemos. Quando passamos para a espiritualidade nossa comunicação é feita pelo pensamento. Não nos damos conta disso porque é um processo de comunicação muito mais eficiente que criar um código de sons. Seu corpo em formação captou esses sons, que não sabe traduzir, e você, como espírito, captou o conteúdo. Quanto a continuar escutando aqueles sons, não é apenas uma impressão sua. Os laços de energia que ligam você ao feto irão se tornar cada vez mais fortes, cada vez mais os sentidos de seu corpo espiritual serão substituídos pelos do corpo material. Veja bem como é o processo: os órgãos em formação estão sendo aprimorados e desenvolvidos porque recebem um fluxo constante de energia destinada especificamente a essa formação. Essa energia é a que compõe os mesmos órgãos no seu perispírito. Logo esse corpo espiritual, que é você, agora, terá características energéticas muito mais tênues e você irá sentir necessidade de permanecer próximo ao seu novo corpo físico cada vez mais tempo, porque não estará habituado a um corpo espiritual tão volátil. Daí nasce o instinto de proteger a vida do corpo material e o temor da morte. Podemos até saber que, quando ela ocorrer, a energia liberada depois do desenlace irá retornar ao perispírito, mas não temos essa sensação. É outra demonstração da perfeição da obra do Pai, não é verdade? Afinal, a vida material é preciosa.

A porta se abriu e um dos atendentes se aproximou.

— A pessoa que aguardavam já chegou, disse chamar-se Mirna.

— Mande-a entrar, por favor.

De certa forma Sérgio a reconheceu, mesmo estando acostumado a vê-la no corpo de um senhor de cabelos grisalhos. Era apenas como encontrar um conhecido usando uma roupa diferente. Sabia por que Olavo não podia vê-la. Na verdade os dois, Sérgio e Mirna, estavam no mesmo nível evolutivo. Se não fosse necessário Sérgio estar visível para coordenar as reuniões, Olavo também não poderia vê-lo.

Mirna era uma mulher pequena, simpática e com olhar ao mesmo tempo doce e determinado.

— Tenho muito prazer em saber que iremos conviver na matéria — disse ela com um sorriso. — Disseram que seria melhor para você se nos encontrássemos assim, eu estando com a aparência que terei na próxima vida, agora que você já não está mais completamente liberto. Como estão os preparativos?

— Vão muito bem e eu estou muito animado. Pelo que andei conversando com os orientadores, só me será possível fundar a irmandade espiritual que idealizei. Caberá a outros darem continuidade ao projeto, mas não importa. Além disso, é muito importante trabalhar de forma coletiva. Afinal, o que realmente importa é o alcance do que pretendemos fazer e não o meu trabalho. Isso ficou bem claro quando os dirigentes daqui concordaram em assumir o projeto. Ele agora pertence à Casa da Esperança.

— Vai trabalhar apenas com atividades espirituais?

— Não. Acho que serei médico, talvez um líder de classes ou político. Afinal, a caridade pode ser prestada de muitas maneiras diferentes e quem pretende lançar ideias novas deve procurar as condições necessárias para ser ouvido, buscar oportunidades para deixar bons exemplos e ajudar a cultivar a fé. Sabe, estive pensando. Talvez me caiba apenas lançar a semente, dar o primeiro passo. Preciso evitar o orgulho de querer fazer tudo sozinho. Com a participação da Casa da Esperança, tenho certeza de que não faltarão colegas para continuar o trabalho. Quem sabe até volto mais adiante e continuo com meu plano?

— Calma! — disse Mirna, sorrindo. — Deixe alguma coisa para os outros fazerem!

Sérgio sorriu também.

— Tem razão, minha amiga. Estou tão entusiasmado que não consigo conter a imaginação.

— Geralmente a realidade acaba superando a imaginação mais fértil. A vida é muito rica e generosa, você vai ver.

Logo que os trabalhos foram iniciados, várias mãos se levantaram. Foram muitas as perguntas sobre o futuro de Sérgio, mas Álvaro não tinha todas as respostas.

— Só posso dizer que Sérgio é um espírito forte, obstinado e de boa índole, que acredito na sua força de vontade e confio, acima de tudo, no amparo de nossos irmãos maiores. Ainda é muito cedo para sabermos mais. No momento certo teremos notícias dele.

— Vamos demorar tanto assim para reencarnar? — perguntou Olavo.

— Depende do ponto de vista. Para Sérgio será muito tempo até que você possa se juntar a ele para ajudá-lo ou a dar continuidade a seu trabalho. Já para nós será o tempo necessário à nossa preparação.

— Nós também poderemos participar dos trabalhos dele ou só Olavo?

— Pelo visto eu hoje estou muito pobre de respostas — disse Álvaro com um sorriso. — Cada um de vocês está num estágio evolutivo diferente ou, se preferirem, num momento diferente. Alguns estarão prontos para participar de um trabalho como esse, outros não. Os orientadores que serão designados para cada um na fase de planejamento é que vão decidir isso com vocês.

4º capítulo

Josué

Depois de algum tempo de silêncio alguém disse:

— Meu nome é Josué, sou um espírito em evolução e já pedi a palavra numa outra oportunidade. Da mesma forma que Olavo, precisarei criar coragem para me decidir a contar minha história, mas seu exemplo me ajudou.

— Ficamos muito felizes com isso — disse Álvaro. — Esteja à vontade.

— Passei por experiências de certa forma muito semelhantes às de Olavo, em minhas vidas, embora não tenha sido levado pelos fatos a viver ódios tão intensos, mas assim mesmo acho importante contar a minha história. Tanto para mim como para todos. Cheguei a essa conclusão depois que consegui modificar a ideia que tinha, até agora, da vida espiritual.

"Vou começar como Olavo, quando observou que é inútil procurar o começo e optou por aquilo que mais o marcou:

"Eu era um sacerdote que tinha funções políticas de destaque. Naquela época eu poderia ser considerado um administrador, o equivalente a um economista ou contador, menos um religioso. A igreja era para mim como um partido político a que eu me dedicava com seriedade profissional, podemos dizer assim, desde que fique bem claro que me refiro ao profissional de administração ou de política. Afinal, o religioso precisa, antes de tudo, ser um amador, ou melhor, um amante entusiasmado de toda a doutrina que abraçou. Não era esse o meu caso.

Participei da queima de documentos que poderiam ser considerados relíquias arqueológicas, históricas e religiosas ao mesmo tempo, tesouros de uma filosofia maior. Isso porque, como diziam meus superiores, não eram ensinamentos oportunos ou adequados para conduzir a humanidade no rumo escolhido pela igreja. Participei desses sacrilégios sem o menor peso na consciência e me bastava o argumento de que o papel social da igreja nos obrigava a isso. Lembro quando alguns dos nossos chegaram a contestar a decisão de destruir esses documentos, argumentando que se os fundadores da igreja os tinham conservado era porque deviam ser considerados adequados e oportunos.

— Talvez fossem oportunos na época, mas, como resolveu Sua Santidade, não o são agora — respondeu o Secretário Especial do Papa, encerrando a discussão.

Como custei a compreender que a transformação de uma sociedade só se faz pela evolução de cada indivíduo e que Deus considera o comportamento de cada um sempre adequado ao nível em que ele se encontra. A mudança de um comportamento só terá valor se for consequência de seu amadurecimento e livre-arbítrio.

Em minha cegueira eu não percebia que a sociedade material só precisa das leis para se proteger das fraquezas de caráter e do egoísmo da própria humanidade ou, pior ainda, para proteger os interesses das classes dominantes, entre elas a Igreja.

Para os verdadeiramente religiosos, a Lei de Deus deveria bastar e nenhum argumento seria válido para privar a humanidade de conhecer a verdade.

Como falei no início, os episódios da vida de um religioso eram repetitivos, mas quero falar das características daquela vida, do ambiente espiritual, por assim dizer.

Para que um de nós pudesse *fazer carreira*, se é que o termo cabe para um religioso, precisava principalmente ser político. Era imprescindível ser discreto e compreender a importância de sempre aparecer mais que seus comandados — para que eles não viessem a ameaçar sua posição — e menos que seu superior, a quem devia a necessária ajuda para que se destacasse, fazendo parecer que só o progresso dele e a aceitação de suas ideias interessavam — para que não fosse visto como uma ameaça a ele. Ainda assim, era preciso estar atento para perceber quem se destacava mais entre os que estivessem no mesmo nível de seu superior imediato e avaliar bem se a chefia do grupo a que você pertencia não estava a ponto de cair em desgraça ou de ser relegada ao ostracismo. É claro que não poderia jamais demonstrar claramente sua discordância, mas devia deixar leves suspeitas de que concordava com os emergentes.

Não pensem que estou exagerando. Nenhum exército tem uma estrutura hierárquica tão rígida. Quero dizer apenas que, numa coletividade como aquela, a falsidade imperava.

O que é mais espantoso é que não desfrutávamos abertamente dos gozos materiais, pelo menos na medida em que nossas riquezas permitiriam. Então, como justificar um comportamento como o nosso? Concluí, depois de muito tempo, que só podia ser uma coisa: amor ao poder. Nem precisávamos exercê-lo. Bastava-nos senti-lo.

Vocês podem achar que esse é um comportamento doente, mas essa não era uma doença que acometia apenas os poucos que já apresentassem tendências para isso. Vi muitas pessoas que pareciam ter a verdadeira vocação religiosa sofrerem uma transformação radical depois que experimentavam o poder. Por outro lado, quando viajava para visitar algumas paróquias, tarefa que às vezes eu considerava enfadonha e em que nos revezávamos, eu e alguns outros de mesmo nível hierárquico, era comum encontrarmos sacerdotes que viviam com simplicidade e na prática dos princípios cristãos. Eram homens tranquilos que tinham conquistado merecidamente a paz e a felicidade. Algumas vezes me surpreendiam com perguntas relacionadas à filosofia cristã e às questões de fé. Envergonhava-me bastante respondê-las de modo pomposo, com citações em latim que muitas vezes se impunham apenas pela forma e erudição, as únicas armas de que eu dispunha para defender as posições insustentáveis estabelecidas pela Igreja daquela época.

Confesso que algumas vezes invejei essas pessoas simples e crédulas, que me envergonhei da maneira desleal com que os convencia que a Igreja estava certa, mas não o suficiente para trocar de posição com elas. Por quê? Não sei. Afinal, para que um homem velho quer ter mais dinheiro que o necessário para morar com conforto, ter uma boa alimentação e se permitir os prazeres compatíveis com seu estado físico? Para que viver num palácio tão grande que se torna cansativo e desnecessário percorrê-lo? Para que um verdadeiro exército de criados para servi-lo, trabalhoso de se administrar?

Talvez hoje eu possa responder: para causar inveja e demonstrar poder, ou para olhar à volta e não sofrer por sentir essa mesma inveja. De qualquer modo, a sede de poder é uma compulsão que conduz o homem ao egoísmo, à competição desnecessária e à solidão. Só que estou me referindo a um tipo diferente de solidão. Para ser bem claro, a mesma solidão que eu sentia, vivendo cercado da multidão que compunha a administração central da Santa Igreja.

Eu não vivia entre companheiros e amigos. Vivia entre adversários e concorrentes, pessoas que cobiçavam minha posição e, ao mesmo tempo, perto daquelas cujas posições eu queria conquistar.

Certa vez recebi a incumbência de investigar uma denúncia que nos chegara por carta anônima. Acusavam certo padre Ignácio de pregar contrariando os ensinamentos da Igreja, negando a existência do inferno, entre outras coisas. Não tinha outra opção que não fosse obedecer e parti.

Na longa e cansativa viagem eu ia avaliando como deveria agir para "recolocar aquele irmãozinho no caminho certo", como disseram. Lembrava as recomendações idiotas de sempre: "quando não tiver o que responder, diga que é um dogma, que o Santo Ofício já resolveu assim em outras situações semelhantes e argumente com citações em latim".

Meu Deus! Como subestimavam a inteligência das pessoas! Será que não percebiam que a grande maioria apenas fingia concordar, compreendendo que não adiantava combater uma força tão poderosa?

Foram dois dias de viagem e, quando anoiteceu, eu estava muito cansado. Pernoitei numa estalagem humilde, alojado no quarto dos submissos proprietários. Como sempre, fui recebido da melhor maneira possível, mas sentia que o estalajadeiro não olhava para mim como um visitante ilustre que o honrava com sua presença. Percebia-se apenas medo em sua expressão.

Depois de uma boa noite de sono acordei refeito, com o som de pássaros cantando, sentindo uma disposição incomum. Abri a janela e respirei o ar puro e fresco, com cheiro de mato. Estava num quarto simples, mas limpo e bem cuidado, com assoalho de pranchões de madeira e uma grande pele de carneiro como tapete. Muito diferente do ambiente em que eu vivia. Aqui tudo era muito simples, mas eu sentia, naquele ambiente despojado, uma atmosfera muito mais leve, muito mais livre do que naquele em que vivia.

Vesti-me e desci para a primeira refeição. Meu secretário, o cocheiro e os lacaios esperavam por mim, para abençoar os alimentos. Partimos logo depois e só paramos para nos aliviarmos e para comer o farnel que tínhamos trazido da estalagem. Já anoitecia quando chegamos.

Padre Ignácio era bem mais velho que eu. Tinha os olhos azuis mais transparentes que eu jamais tinha visto e que transmitiam bondade e paz como nenhuma pregação poderia fazer. Não havia neles a mais leve sombra do receio que uma visita como a minha costumava despertar. Não estava acostumado a uma reação como aquela e experimentei uma desagradável sensação de desconforto, como se fosse eu que estivesse sendo avaliado pela Santa Inquisição.

Aquele nosso encontro não representaria nenhum risco para ele, uma vez que não interessava à Igreja dar demonstrações de força num povoado sem importância, pobre e afastado, mas ele não devia saber disso. Minha presença devia-se apenas ao fato de que uma denúncia precisava sempre ser apurada para desencorajar "filosofias pessoais", conflitantes com as estabelecidas pela Santa Igreja, e eu deveria deixar subentendida certa ameaça com a minha presença.

Esperava encontrar em sua fisionomia algum indício de medo, mas deparei-me apenas com um sorriso acolhedor. Saudei-o em latim e ele me surpreendeu, respondendo-me da mesma forma, com simplicidade. Cometeu um pequeno erro, sorriu e se apressou em corrigi-lo.

— Meu latim está um pouco enferrujado. Falta de prática, é claro. Afinal, pregar em latim pode ser mais elegante, mas não transmite ensinamentos aos camponeses. Mas vamos entrar. A viagem deve ter sido cansativa e já é hora de nos alimentarmos.

A casa modesta em que meu anfitrião vivia lembrava a estalagem em que eu estivera, embora nem o padre Ignácio nem a senhora simpática que preparava o jantar demonstrassem nenhum constrangimento por estar em minha presença. Minha bagagem foi levada para o quarto que me destinaram. Lá, uma grande banheira de madeira com água quente me esperava e, num banco tosco bem ao lado, estava uma toalha limpa. Senti-me descansado depois do banho, troquei de roupa e voltei à pequena sala. Logo depois fomos chamados para o jantar.

Para a surpresa de todos, o próprio padre Ignácio fez a prece, antes da refeição:

"Pai de amor, nós vos agradecemos pela refeição que teremos e acima de tudo por compreender que a existência desses alimentos, sobre nossa mesa, demonstra que é vossa vontade que continuemos vivendo e que tendes confiança em que iremos nos esforçar, tanto para compreender vossos desígnios, quanto para cumpri-los na medida de nossa limitada compreensão. Que, ao desfrutá-la, possamos ganhar forças e, ao receber vossas bênçãos, possamos renovar nossos votos de dedicação de nossas vidas à conquista da sabedoria necessária para servi-lo da melhor maneira possível. Amém."

Ao final da prece eu esquecera completamente que, pelo protocolo, deveriam ter me convidado a abençoar a refeição. Mas sua atitude não tinha sido um desrespeito. Ao contrário, tinha sido a demonstração de que o Pai, apesar de tudo, ainda esperava alguma coisa de mim e me abençoava com aquela oportunidade.

A comida estava deliciosa, mas a senhora que a tinha preparado já havia se retirado e não ficou ninguém para nos servir. Padre Ignácio, como se lesse meus pensamentos, explicou:

— A vida do lavrador é muito dura. Eles são muito generosos e querem ajudar em tudo, mas eu uso o mínimo possível de seus serviços. Afinal, como servo de Deus, cabe a mim muito mais servir do que ser servido, não é verdade? Um pouco mais de vinho? — ofereceu padre Ignácio. — Não deve ter a mesma qualidade do que o senhor costuma beber, mas, pessoalmente, eu gosto muito dele.

— É um vinho excelente — respondi com sinceridade. — É produzido aqui?

— Sim. E estamos aumentando muito a produção. Passamos a trabalhar em conjunto, buscamos melhorar as videiras, dividimos todas as tarefas, do plantio à venda do vinho e cada um recebe de acordo com a área plantada que tem. Embora tenha sido apenas um jeito mais inteligente de trabalhar, deu resultados excelentes.

— E o proprietário das terras?

— Toda a área pertence aos próprios lavradores.

— Como assim? Não pertence a um nobre nem à Igreja?

— Não. Como eu disse, pertence aos lavradores. O antigo proprietário deixou-lhes toda a área como herança.

— Tem certeza?

— Sim. Ele mesmo incumbiu-me de fazer cumprir sua vontade.

— Não terá então deixado as terras para a Igreja? Afinal, esse tipo de procedimento é muito estranho.

— Não. Tenho os documentos que comprovam tudo o que estou dizendo.

— Sabe o que teria levado esse homem a agir dessa forma?

— Sim. Acompanhei todos os fatos que levaram Dão Fernando a tomar essa decisão.

— Estou curioso para saber o que poderia justificar uma decisão tão incomum. Pode contar-me ou envolve algum segredo de confissão?

— Não. Na verdade, ele só se confessou comigo uma vez, quando recebeu a extrema-unção. Assim mesmo porque eu insisti muito. Quanto à sua decisão, no que se refere às terras, foi consequência de uma grande decepção. Vou contar a sua história:

'Dão Fernando era filho único e não teve filhos. Sua mulher e a criança que estava esperando morreram no parto e ele não voltou a se casar. Praticamente adotou o filho de seu falecido administrador como se fosse seu, apenas não formalizou a adoção. O jovem era uma pessoa competente e inteligente, cuidava de tudo com muito zelo e Dão Fernando pensava em deixar a propriedade para ele, mas preferia não dizer nada. — Para que não fique me agourando, querendo me ver morto — costumava dizer, sorrindo. Sua decepção foi enorme ao descobrir que o rapaz o estava roubando.

Ignácio sorria tristemente, parecia estar revendo a cena que me descrevia.

'Dão Fernando era uma pessoa muito passional e expulsou o rapaz da região.

Dias mais tarde, quando estava mais calmo, comentou comigo: — Nem sei se daria certo, mas eu tinha esperanças. Ele traiu minha confiança, aquele ladrãozinho ingrato!

— Culpa sua, meu irmão — respondi, para sua surpresa e indignação.

— Padre, o senhor está dizendo que ele me traiu e que foi minha culpa? Se foi isso o que disse, gostaria que me explicasse melhor.

— Todo filho de Deus tem seus defeitos, meu irmão. Não estou dizendo que seja você o culpado pela traição que ele cometeu, mas estou dizendo que você é o único responsável pela decepção que sofreu. Afinal, ele sempre foi a pessoa que é, e não a pessoa que você imaginou que ele fosse. O erro de avaliação foi seu, não acha?

Ele pensou muito antes de responder. Devia estar deixando a raiva passar. Então sorriu. Já estava mais calmo.

— Tem razão, padre. *Mea culpa*, como dizem vocês. Mas agora diga, sinceramente: o que faria se estivesse no lugar dele e ganhasse as terras?

— Um padre não tem bens materiais, meu amigo. Deixaria para a Igreja, como seria meu dever.

— Mas vamos imaginar que fossem suas. Eu não deixaria as terras para a Igreja de maneira nenhuma. Afinal, se os padres não devem ter bens materiais, para que a Igreja iria querer as terras? Quero saber o que faria com elas se fosse um homem comum, como os outros.

— Foi como homem comum que decidi abrir mão das coisas materiais. Por isso tornei-me um sacerdote. Mas não vou ficar dando voltas para não responder. Eu organizaria o trabalho dos lavradores para fazer com que as terras fossem produtivas e o ganho seria deles.

Dão Fernando sorriu.

— É uma boa ideia — disse. — Melhor que deixá-las para um ladrão. Fica decidido assim. Eu lhe deixo as terras. Confio que fará melhor do que eu.

— Não é tão simples assim, Dão Fernando. A Igreja não permitiria que eu herdasse as terras para administrá-las segundo minha vontade.

O entusiasmo com que falava se desfez como que por encanto. Então deu de ombros e apenas concordou, balançando a cabeça. Só voltamos ao assunto muito mais tarde, quando vieram me chamar para dizer que ele estava morrendo.

Encontrei-o abatido, mas completamente lúcido. Conversamos um pouco e, quando perguntei como estava se sentindo, respondeu apenas:

— Morrendo, meu amigo.

Abri minha valise e comecei a me preparar para ministrar-lhe a extrema-unção. Ele sorriu e balançou a cabeça.

— Para que isso, padre? Não é que eu não acredite em Deus, mas acho que, na hora de decidir se me mandam para o céu ou para o inferno, o que vai pesar é o que eu tiver feito na vida. Seria muito injusto deixar essa responsabilidade com um padre. Sem querer ofender!

— Sabe quando os lavradores vinham cumprimentá-lo no seu aniversário e traziam um presente sem nenhum valor para uma pessoa com as suas posses? Você foi sempre sensível o suficiente para não recusar o presente. Agora é a mesma coisa. Eu queria pedir a Ele por sua alma, dizer que você foi sempre uma pessoa generosa e que, se esteve distante da Igreja, não esteve assim tão distante Dele — respondi.

— Falando em generosidade, padre, aí na mesa está o documento que fará com que eu seja lembrado como uma pessoa generosa, embora a inspiração tenha sido sua. É o meu presente para os que trabalharam a vida toda nessas terras. E agora eu posso receber o seu presente, Padre. Estou em suas mãos.

Ele se emocionou com minha oração. Ao final do sacramento seus olhos estavam molhados de lágrimas e ele sorria. Morreu logo depois e eu tenho certeza que Deus o aceitou.

O referido documento deixava as terras para os lavradores, que deveriam trabalhar a área que estava confiada a cada um no momento em que ele, Dão Fernando, morresse. Deveriam receber de mim as instruções para que as terras fossem produtivas e, pelos meus trabalhos, a paróquia receberia duas partes de cada dez produzidas. Essa importância deveria ser destinada a obras de caridade e assistência na própria região. Caberia a mim administrá-la. O documento também dizia que, se não acatassem minhas determinações, eu teria o poder de transferir a posse das terras para a Igreja. Caso eu estivesse para morrer ou impedido por qualquer razão de continuar administrando as terras, deveria escolher meu sucessor, que não seria obrigatoriamente um religioso. Caso eu não o fizesse, a posse das terras passaria automaticamente para a Igreja.'

Padre Ignácio estava comovido. Na verdade, devo confessar que eu também, embora tenha conseguido esconder meus sentimentos.

Dispensei meu secretário, o cocheiro e os lacaios, a pretexto de que deveriam estar cansados. Queria conversar com padre Ignácio em particular. Assim que eles saíram comecei a abordar os assuntos que tinham me levado até lá.

— Então a maneira de administrar não foi iniciativa dos lavradores? — perguntei. Sabia que não. A ideia tinha sido dele, é claro. Queria apenas o pretexto para começar a discussão. Afinal, eu estava lá para isso e ele sabia. Deveria estar em guarda por imaginar que eu poderia questioná-lo por suas atitudes e seria mais fácil para ele se mentisse. Só queria ver o que ele diria.

— Não. Foi ideia minha — respondeu Ignácio, sorrindo.

— Não acha que essa atitude pode distanciá-lo do papel de guia espiritual dessas pessoas?

Era como se alguma coisa maligna me intuísse e me atiçasse para esgrimir com ele. Ou então fosse meu lado mais vaidoso, procurando aparecer mais, frente a um opositor de valor.

— Não creio — respondeu sem nenhuma hesitação. — Afinal, devemos aproveitar os exemplos práticos da vida para fazer com que as pessoas compreendam a vontade do Pai. Organizando a produção do vinho de uma forma em que fosse necessária a colaboração de todos para o bem comum, demonstraríamos ter compreendido que Deus quer que nos auxiliemos, que sejamos fraternos.

— O padre está dizendo que conhece a vontade do Pai? Não será essa uma afirmação pretensiosa?

— Não, Monsenhor. Estou dizendo que tenho a responsabilidade e o dever de *tentar* compreender a vontade Dele, já que me foi confiada a tarefa de participar da condução de Seu rebanho. Ele, mais do que eu ou que qualquer outro, conhece minhas limitações e espera de mim apenas o que posso fazer. Quando Deus nos dá uma missão, aceitá-la será soberba ou uma prova de fé?

— Então, em sua opinião, o senhor está conduzindo seu rebanho de acordo com a vontade de Deus?

— Com sinceridade, sim.

— Mesmo quando nega a existência do inferno?

— Mesmo quando nego a existência de um castigo eterno.

— E considera-se competente para fazer uma afirmação dessas?

— Considero-me obrigado a ser fiel às conclusões a que meu raciocínio me conduzir e humilde o suficiente para mudar de opinião quando — ou se — me demonstrarem que estou errado. Ou então se eu mesmo perceber meu equívoco. Afinal, Jesus nos ensinou isso. Estou me referindo à parábola em que o Senhor chama três de seus servos e dá a cada um deles três dinheiros, dizendo-lhes que mais tarde seriam chamados a prestar contas do que lhes estava sendo confiado. Como o Monsenhor bem sabe, apenas aquele que enterrou as moedas para não correr riscos é que foi criticado com severidade.

'Todos nós temos o dever de usar com seriedade e zelo a inteligência que nos foi dada. É uma ingratidão enterrá-la, e seremos merecedores das mais severas repreensões se o fizermos.'

— Repreensões ou castigos, padre?

— Talvez repreensões e advertências primeiro, para dar-nos a oportunidade de meditar sobre o que fizemos, e castigos se reincidirmos.

— Como o castigo eterno, se insistirmos demais?

— Castigo é diferente de vingança, Monsenhor. Nele, o sofrimento é um ato de amor que tem por finalidade conduzir aquele que errou de volta ao caminho certo, ou seja, leva o homem a seu aprimoramento. Pode-se concluir que, tão logo o ensinamento que essa dor contém seja absorvido, o sofrimento cessará, por já ter surtido o efeito necessário e não ser mais necessário. Não sendo assim deixará de ser um castigo e um ato de amor para ser apenas vingança.

— E se o pecador reincidir, se insiste em permanecer no erro? Não será esse o caso em que ele seria condenado?

— Todos nós, religiosos, estamos de acordo quanto à perfeição do Pai. Não é verdade? Também não discordaremos se eu disser que tudo o que existe é Sua obra, que somos todos Seus filhos. Também acreditamos em Sua onisciência atemporal, ou seja, Deus sabe de tudo o que aconteceu, do que está acontecendo e do que ainda irá acontecer, por toda a eternidade. Portanto, saberia quais de Seus filhos iriam falhar, quais seriam infalivelmente condenados às chamas eternas. Então caberia a pergunta: por que Deus criou aqueles seres, se eles iriam fracassar? Teria se enganado, cometido um erro? Como poderia a Perfeição falhar com essas criaturas? Não podemos aceitar essa hipótese, não é?

E concluiu:

— Cada alma condenada ao inferno atestaria a imperfeição do Pai, o que é inadmissível. A partir daí, Monsenhor, só se pode concluir pela não existência do inferno. Ou o Monsenhor terá percebido alguma coisa que me escapou?

Agora de certa forma os papéis estavam trocados. Eu estava sendo inquirido, mas não pesava sobre minha cabeça nenhuma ameaça. Partia de mim mesmo a contestação e minha consciência começava a me incomodar à medida que me confrontava com exemplos de vida de uma pessoa simples que eu sentia estar infinitamente mais evoluída do que eu. Ou não seria uma pessoa tão simples assim? Parecia-me inteligente e erudito demais em comparação com os padres do interior que eu conhecia. Até o momento de viajar de volta eu iria descobrir o que um homem como ele estaria fazendo naquele fim de mundo.

— Seus argumentos são bem sólidos, padre Ignácio. Quero pensar melhor a respeito. A prática da humildade assim o recomenda. Entretanto, acredito que haja um argumento válido para que a existência do inferno não seja contestada. O instrumento de disciplina de que o povo precisa para ser conduzido.

Padre Ignácio ficou em silêncio por algum tempo e eu quis firmar minha posição.

— Então, padre, o que me diz? É um argumento válido considerar que é papel da igreja zelar pela manutenção de regras que levem a humanidade a um comportamento condizente com a moral cristã?

Ele pensou um pouco mais antes de responder.

— Monsenhor, quando as pessoas me trazem suas dúvidas em questões de fé eu as escuto em confissão. Assim elas podem dizer francamente o que pensam com tranquilidade, porque estão protegidas pelo segredo do sacramento. Acho melhor agirmos também assim, porque considero meu dever de religioso responder com toda a sinceridade o que for perguntado por meu superior hierárquico e, como homem, também considero meu dever proteger minha vida da melhor maneira possível. O Monsenhor está de acordo?

Apesar do que dizia, padre Ignácio continuava tranquilo e não se via em seu rosto nada que demonstrasse o menor receio. Desconfiei que sua intenção primeira fosse deixar-me à vontade, dar-me um pretexto para que eu o escutasse, e eu realmente queria escutá-lo, mas sem me ver obrigado a denunciá-lo ao Santo Ofício. Claro que seria apenas um pretexto. Afinal ele era inteligente demais para acreditar que o segredo da confissão poderia protegê-lo se eu quisesse realmente denunciá-lo. Não. Ele acreditava, ou melhor, tinha certeza que eu não queria prejudicá-lo. E na verdade tinha razão. Foi com certo alívio que aceitei.

Já conversávamos por algum tempo e padre Ignácio não estava mais de joelhos. Com minha autorização ele estava sentado à minha frente.

— Não fui sempre um padre do interior. Tinha me destacado em minha iniciação, era secretário de um arcebispo e tinha tarefas muito diferentes das que tenho aqui, hoje, entre meus paroquianos. Já naquela época eu me via dividido pela discrepância entre as diretrizes da Igreja e o que o exemplo de Jesus Cristo tinha nos deixado.

— E há algum conflito entre essas duas coisas?

— Acho que sim. Começando pelo que conversávamos há pouco, sobre a existência do inferno e a justificativa de que isso seja necessário para que os fiéis se comportem adequadamente, para manter a estrutura social que a Igreja considere sua responsabilidade.

— E o senhor não considera louvável essa preocupação?

— Claro, Monsenhor! Não apenas para nós, religiosos, mas também para os governantes, educadores e quem quer que tenha como se fazer ouvir. É responsabilidade de todo católico divulgar os ensinamentos de Jesus Cristo. O que questiono é se precisamos usar de violência e ameaças para que a humanidade continue fiel à Doutrina. Veja, Monsenhor: Jesus, os apóstolos e todos os cristãos foram perseguidos na Antiguidade. Quer dizer, a ameaça era para os que seguiam a Doutrina, não para os que se afastassem dela. O exemplo, os ensinamentos de amor e caridade eram fortes o suficiente para que todos eles desafiassem os poderosos e até morressem na crença e na fé. Por que agora precisaríamos agir exatamente ao contrário? Por que agir com a mesma violência dos que se acharam no direito de julgá-lo e crucificá-lo? Afinal, estou me confessando neste momento e todos nós, católicos, fazemos isso com frequência, começando por declarar: 'Pai, perdoai-me porque pequei.' Com isso estamos reconhecendo nossas imperfeições, estamos dizendo que, pelo que Jesus nos ensinou, não temos autoridade para atirarmos a primeira pedra.

Padre Ignácio era um homem inteligente, sem dúvida, mas eu convivia com pessoas tão ou mais brilhantes que ele. Eu mesmo me considerava com uma inteligência bem acima da média. Ainda assim alguma coisa me fascinava nele. Talvez fosse sua pureza de sentimentos ou sua ingenuidade, seu romantismo ou a crença infantil de que poderia modificar o mundo com sua maneira de agir.

— E foi sua maneira de pensar que fez com que o mandassem para um lugar como esse?

Ele sorriu.

— Foi. Depois de várias discussões filosóficas com o arcebispo a quem eu servia, ele me confessou pela última vez e ordenou que, como penitência, eu fizesse um voto de humildade, renovando o compromisso de obedecer cegamente à Igreja. Perguntei-lhe como poderia obedecer à Igreja se, com isso, eu achasse que deixava de servir a Deus. Ele perdeu a paciência e respondeu quase gritando: 'Para não acabar morrendo na fogueira, como herege!'

Ainda assim não me denunciou e me convenceu a vir para esse lugar onde estou até hoje. 'Você será feliz num ambiente mais simples. Vai ver que Deus escreve certo por linhas tortas.' Hoje, Monsenhor, eu acho que Deus escreve sempre por linhas retas. Nós é que não percebemos.

Absolvi o padre Ignácio de acordo com o rito, em latim, mas sentia, em meu coração, que não tinha autoridade para julgá-lo. Talvez ele devesse me absolver, se eu realmente me arrependesse, se eu quisesse mudar.

Passei mais um dia em companhia do padre Ignácio. Visitei as plantações, a grande adega e o curral, onde ficavam os animais que transportavam os barris de vinho, produzidos cada vez em maior quantidade.

Como era diferente a maneira como todos o olhavam! Havia amor, carinho, respeito no olhar de cada um, mas nenhum medo. Era como se percebessem nele alguma santidade, o que era natural. Eu também tinha a sensação que havia alguma coisa de especial naquele homem, a aura dos benditos.

'É uma pessoa simples, sincera e de boa índole, representando uma boa influência para os fiéis', ditei a meu secretário, concluindo meu relatório. 'Não deve ser considerado nenhuma ameaça ou contestação à Santa Igreja.'

Tinha regressado de minha viagem há pouco mais de uma semana quando fui chamado à sala do bispo Feliciano, um dos responsáveis pelas Investigações Preliminares, setor a que eu pertencia. Tinha o relatório sobre o padre Ignácio em sua mesa.

— Só agora soubemos a origem da denúncia contra o seu padre Ignácio. Vem dos nobres, proprietários de terras na região. Não estão nem um pouco preocupados com a Doutrina, ou com que seja contestada a existência do inferno, mas o fato de seus vizinhos estarem produzindo um vinho muito melhor e mais barato os incomoda muito. Assim que tomei conhecimento de seu relatório fui surpreendido com um pedido de audiência. As paredes não apenas tem ouvidos, Monsenhor. Também dispõem de bons mensageiros. O fato é que os lavradores do padre Ignácio passaram a comprar as terras de proprietários menores, herdeiros desinteressados, de modo geral, e aos poucos estão assumindo o controle da região, porque são mais organizados e produzem um vinho melhor. Os nobres passaram a ter prejuízo e querem que tomemos as terras em nome da Igreja para que eles possam construir um mosteiro na região.

— E precisamos aceitar esse oferecimento?

— Sim. É ordem superior.

— Devo ir lá, para fazê-lo obedecer ou chamá-lo até aqui?

— Fica ao seu critério, Monsenhor. Que Deus o acompanhe — disse ele, dando a entrevista como encerrada.

Acostumado a toda uma vida de obediência, não contestei as ordens ou deixei transparecer o que sentia. Fui para minha sala e escrevi para o padre Ignácio. Foram duas cartas. Se bem me recordo, foi a única vez em que arranjei uma forma de não obedecer a meus superiores. Enquanto escrevia, parecia ouvir a pergunta que ele fizera a seu superior, tempos atrás: 'Como posso obedecer a Igreja se achar que, com isso, deixo de servir a Deus?'

No dia seguinte chegava à igrejinha do padre Ignácio um cavaleiro extenuado por ter galopado uma noite inteira. Levava a primeira carta. Não estava assinada, e dizia:

'Prezado padre Ignácio: Amanhã partirá daqui outro mensageiro com uma carta que o convoca para uma audiência em que receberá ordens de transferir as terras que administra para a Igreja. Tomarei as providências necessárias para que o portador tenha uma viagem suficientemente demorada para lhe dar tempo de tomar as providências adequadas. Peço que destrua esta carta assim que acabar de lê-la. Que Deus o abençoe.'

Por uma feliz coincidência, o coche que transportava o mensageiro oficial foi atrasado por vários dias de chuva que deixaram intransitáveis as estradas malcuidadas da região, mas o mesmo não aconteceu com o cavaleiro que nos trouxe a carta do padre Ignácio. Nela, muito antes de receber a convocação, ele dizia já se sentir muito cansado para continuar num lugar de clima tão hostil e pedia para ser transferido para onde pudesse passar seus últimos dias de vida com mais conforto. Adivinhei o resto e sorri, ao acabar de ler. Quando ele finalmente chegou, já havia nomeado oficialmente um dos lavradores como seu sucessor. Sabia que não compensava à Igreja se desgastar para mudar a situação.

Em toda a minha vida naquela época tão triste essa foi a única ação de que realmente me orgulhei. Embora ainda tenha vivido muitos anos, nada mais merece ser contado, até que desencarnei. Quando entraram em minha cela para ministrarem a extrema-unção, pensei que gostaria muito que fosse o padre Ignácio que estivesse lá, para pedir a Deus por mim, mas sabia que ele já deveria ter morrido há muito tempo.

Despertei na mesma enfermaria em que tinha adormecido e encontrei várias pessoas com quem tinha convivido, mas que já tinham morrido. Achei que estava delirando, como tinha acontecido por diversas vezes durante minha doença. Tinha visto as mesmas pessoas à minha volta, mas depois eu despertava e elas desapareciam. Agora elas continuavam lá, mas eu sentia que, aos poucos, me recuperava. Sentia-me bem melhor e achava que a qualquer momento aquelas visões iriam desaparecer de vez e que eu recuperaria a saúde, contrariando até as minhas próprias expectativas.

Aos poucos passei a não ficar tão impressionado em ver a meu lado pessoas que já tinham morrido. Elas conversavam entre si, discutiam questões religiosas e administrativas como se estivessem vivas e eu não tinha por que me sentir ameaçado com sua presença. Certo dia comentaram alguma coisa com que eu discordava. Agi sem pensar e entrei na conversa. Eles responderam com naturalidade e só então me dei conta que falava com os mortos. Interrompi o que estava dizendo no mesmo momento e fiquei olhando para eles assustado.

— Não se assuste, Monsenhor. Estamos todos na mesma situação. Sua Eminência nos explicou que Deus, em sua sabedoria, determinou que continuássemos a servi-lo depois da morte e que, mais tarde, seríamos levados de volta à vida, para que a Igreja permanecesse sob os cuidados de seus filhos mais dedicados.

— Então eu também estou morto?

— Tão morto quanto nós. Assim como acontece conosco, seu espírito permanece, para que possamos continuar servindo a Deus.

— Mas e nosso julgamento, a avaliação do que fizemos em nossa vida? Não iremos responder por isso?

— Sua Eminência disse que sim, no momento oportuno. Agora devemos continuar servindo. Afinal, quem somos nós para questionar os desígnios de Deus?

Pude perceber que os grandes inquisidores que já haviam morrido não estavam entre nós. Na vida material todos gozavam de muito prestígio e eram bastante temidos. A princípio fiquei curioso e depois aterrorizado, quando um grande grupo de espíritos desfigurados por ferimentos e queimaduras conseguiu entrar onde estávamos sem que ninguém conseguisse impedi-los. Queriam saber onde estavam os inquisidores e nosso superior imediato estava completamente transtornado pelo medo.

— Não sei onde eles estão. Juro que não sei! Por favor, vão embora. Nós não fizemos nada contra vocês!

Meus pensamentos estavam na mais completa desordem. Aquelas pessoas tinham morrido na fogueira ou vítimas de torturas, condenadas por heresia ou bruxaria. Deveriam estar no inferno e os inquisidores estariam no céu, sem falar do nosso grupo de religiosos. Não só não estávamos nem no céu nem no inferno, como ficou demonstrado que nosso superior temia aqueles que a Igreja havia condenado. Não me contive e perguntei, assim que o bando se foi:

— Afinal, onde estão os inquisidores?

— Fugiram com medo das represálias. Deus sabe para onde.

— E os hereges podem fazer mal aos irmãos que os julgaram por ordem da Igreja?

— O que o Monsenhor quer que eu responda? — disse ele, quase gritando. — Todos nós só fizemos obedecer. Cumprimos com nosso dever e agora vivemos assim, sujeitos a absurdos como esse. Parece que Deus nos deserdou! Aqueles que estavam mais comprometidos com as seções de interrogatório foram levados à força pelos monstros deformados. Parece que ainda posso escutar os gritos de pavor de nossos companheiros.

— E o que vamos fazer? — perguntei.

— Eu pretendo permanecer no mosteiro. Pelo menos aqui temos alguma proteção. Dizem que lá fora há muitos que também querem se vingar de nós. Devemos ficar aqui e continuar servindo.

O tempo foi passando e nada de novo acontecia. Só mesmo a suspeita de ter estruturado toda a minha vida sobre uma mentira é que ia ganhando cada vez mais força, até se transformar numa certeza que se tornava ainda mais angustiante por perceber que quase todo o grupo chegava à mesma conclusão. Além disso, eu tinha medo. Muito medo mesmo, porque me lembrava do bando de deformados que tinha invadido o mosteiro e agora sabia que também era responsável pelos horrores infligidos a eles. Não teria coragem de ir embora porque, se eu era culpado, sua vingança seria justa e a consciência pesada fazia com que eu tivesse certeza de que seria atacado por eles se abandonasse a segurança do mosteiro. Então continuamos a nos reunir, a cantar no coro e a rezar a Missa, mas não havia mais religiosidade em nossas ações. Era apenas uma frágil estrutura grupal em que nos agarrávamos por falta de melhor opção.

Foi assim, meus amigos, que eu permaneci na espiritualidade por um longo tempo, sem esperanças, mas sentindo que, de alguma forma, nosso refúgio se tornava mais seguro. Conforme as determinações de nossos superiores, ocupávamo-nos em intuir os encarnados exatamente da mesma forma que aconselhávamos os companheiros menos experientes, quando vivíamos na matéria. Era como se pudéssemos escutar os pensamentos dos que estavam encarnados e respondíamos, sem convicção e sem fé, porque também não a tínhamos. Foi um longo período vazio como tinha sido toda a minha vida material.

Lembrava com frequência de padre Ignácio, mas nunca pude vê-lo e ninguém sabia dar notícias dele. Nem sequer o conheciam.

Muito tempo depois, angustiado por ver que minha vida continuava a me parecer completamente inútil, lembrei-me da noite em que padre Ignácio tinha feito a prece de agradecimento pela refeição que iríamos ter e me inspirei nela para falar a Deus.

'Senhor, tende piedade de mim. O fato de continuar vivendo como espírito demonstra que Vós ainda tendes esperança em mim e espera que eu possa vir a servir-vos melhor. Mostrai-me o caminho, Senhor, para que eu possa usar a dádiva de minha vida com mais sabedoria.'

Estava muito comovido e chorava sem controle. Nesse momento a porta de minha cela se abriu e vi que entrava alguém com o hábito da ordem a que o padre Ignácio pertencia. Meu coração se encheu de felicidade, mas era apenas um jovem monge. Tinha um sorriso luminoso.

— Não se decepcione tanto — disse. — Venho da parte do padre Ignácio. Há muito tempo ele esperava uma oportunidade para poder ajudá-lo.

— Vou poder vê-lo? — perguntei cheio de esperanças.

— Ainda é cedo para saber se poderá encontrá-lo no plano em que ele está, mas, de qualquer forma, o senhor já pode viver num ambiente melhor que este e ter uma vida mais produtiva. Não quer vir comigo?"

— Eu queria propor uma pausa — disse Álvaro. — Acho que já temos muito em que pensar até nossa próxima reunião.

— Como ele está? — perguntou Álvaro, à entrada do pavilhão em que Sérgio estava internado.

— Muito bem. Agora passa a maior parte do tempo dormindo, o que é natural, e a forma atual de seu perispírito está cada vez mais etérea. Não há dúvida de que foi muito bem preparado. Não opõe a menor resistência à transformação e terá um corpo sadio. O componente genético dos pais é bom, o que também vai ajudar muito.

— Por favor, avise-me quando ele acordar. Gostaria de visitá-lo.

— Pode deixar, meu irmão. Eu já iria chamá-lo, de qualquer jeito. Ele pediu com muita insistência. Disse que fazia questão de se despedir antes de começar a perder a lucidez.

Álvaro se afastou sorrindo. Tinha muita esperança no trabalho a que Sérgio iria se dedicar, mas sabia que o amigo se surpreenderia com o resultado da vida material que estava prestes a começar.

"Quando estamos na matéria temos muita pressa. Queremos fazer tudo no mesmo momento. Quando estamos na espiritualidade achamos que teremos tempo para fazer tudo. Nas duas situações cometemos erros de avaliação — pensou.

Um antigo instrutor seu tinha feito aquela observação há muito tempo e estava absolutamente certo. Na ocasião ele tinha concluído dizendo que o espírito do ser humano tem uma facilidade muito grande para se adaptar a qualquer lugar em que a vontade do Pai possa colocá-lo, mas tem muita dificuldade em planejar antecipadamente suas ações quando vai para um ambiente diferente daquele a que está acostumado. Recomendava sempre que se estudasse, buscando sempre aprender sobre "o outro lado".

"Quando encarnados devemos estudar sobre a vida espiritual. Quando estivermos em nossa fase de espírito liberto devemos estudar sobre as características e limitações a que a matéria irá nos sujeitar."

A primeira pergunta foi:

— Pelo que nosso irmão disse, ele passou muito tempo na espiritualidade e não reencarnou logo. Parece mesmo que demorou muito a reencarnar. Se estava recebendo um fluxo constante de energia psíquica, como todos nós, seu perispírito deveria ter se tornado denso o bastante para levá-lo de volta à matéria. Por que isso não aconteceu?

— Sua pergunta é muito interessante, mas acho que, se escutarmos o que os outros também têm a perguntar, a resposta vai ser mais bem aproveitada.

— Assim que despertou, Josué estava no mesmo ambiente, ou pelo menos num lugar idêntico àquele em que passou toda a vida material. Por quê?

— Quando aceitamos limitar nossa lógica a ideias, princípios e ideais preestabelecidos, se nos negamos a acatar nossas próprias conclusões, caso elas entrem em choque com os modelos que resolvemos adotar, é como se colocássemos nossa personalidade numa forma. Criamos laços de energia psíquica que vão nos levar a conviver com aqueles que agiram da mesma forma, compartilhando um ambiente pouco sujeito a transformações porque ninguém se preocupa em mudar nada. Muito ao contrário. Todos consideram ser seu dever manter as tradições. A prática de rituais demonstra essa tendência da mesma forma que o conceito de sacrilégio embota nossa capacidade de raciocinar. Reparem como isso tem prejudicado a humanidade!

"Agora, vejam bem: como eu havia previsto, estamos nos encaminhando para responder à primeira pergunta.

"É claro que Josué e todos seus companheiros recebiam um fluxo constante de energia psíquica. Só que uma grande parte dela passava a fazer parte do que vamos chamar de *perispírito do mosteiro*. Vocês devem estar pensando: 'Mas um mosteiro não tem perispírito!' E em parte é verdade, mas é necessário utilizar energia psíquica para criar o mosteiro, para *construí-lo, mantê-lo e reforçá-lo*, se preferirem. O próprio Josué disse que sentia que seu refúgio se tornava mais seguro à medida que o tempo passava. São núcleos de energia como esses que vão originar uma construção semelhante no mundo material. Como já foi dito aqui, o ser humano participa da criação como nenhum outro habitante da Terra. E isso é possível a partir do momento em que as criaturas tentam se depurar e se aproximam umas das outras, é quando buscam alcançar a harmonia suficiente para conseguirem plasmar, tanto na espiritualidade quanto na matéria, o que possam ter planejado em conjunto. Nesse caso, a sintonia não foi alcançada da melhor maneira porque os membros do grupo não progrediram juntos. Ao contrário, aceitaram se limitar para conseguirem se harmonizar, limitando-se por baixo, num nível inferior. Por um lado tiveram sucesso, mas retardaram o processo de reencarnação que poderia ser a melhor opção para eles.

"Quando aceitamos ser pecado pensar em discordância com qualquer religião, estamos atestando a fragilidade dos princípios que nos foram ensinados. Afinal, a verdade sempre irá se impor e anular a mentira. Se os princípios são verdadeiros, as dúvidas avaliadas com seriedade apenas servirão para reforçá-los. Por isso, os religiosos deveriam encorajar os questionamentos.

"Deus nos deu o instinto que nos leva a querer saber, faz com que nos sintamos incomodados sempre que não temos as respostas e definições para aquilo que buscamos compreender. Quando o espírito é imaturo ou ainda precisa passar por experiências que irão fazer dele um ser mais bem estruturado, esse 'não saber' passa a angustiá-lo de tal forma que ele acaba aceitando as deduções de outros, adotando de bom grado a segurança do 'regulamento imutável' que muitas vezes as religiões significam.

"É importante que fique bem claro que não estamos nos colocando contra nenhuma religião. Estamos contestando a maneira como certos fiéis as praticam e que, infelizmente, são a maioria.

"Foi perfeito o argumento que Ignácio usou em sua conversa com Josué, quando falou da parábola dos três dinheiros. É nossa responsabilidade usar nosso amadurecimento e inteligência adquiridos nas experiências que o Pai nos concedeu, tanto para nosso progresso como para o daqueles com quem possamos compartilhar nossas descobertas. As religiões podem ser vistas como certos livros, ricos em sabedoria, mas que só poderão nos ser úteis a partir do momento em que tenhamos verdadeiramente conseguido absorver seus conteúdos. É necessário que espíritos mais esclarecidos, como o de Ignácio, venham a encarnar nesses núcleos religiosos para causar uma cisão, a subdivisão daqueles ambientes espirituais ou religiosos, se preferirem, em vários outros, em níveis de evolução diferentes, para promoverem as transformações necessárias ao processo de evolução das religiões com maior objetividade. Afinal, elas são um valioso instrumento para abrir os olhos da humanidade. Não fosse por elas, como teriam chegado até nós os ensinamentos de Jesus Cristo, Buda, Krishna e todos os iluminados que vieram nos abençoar com sua luz?"

— E o que acontece quando os espíritos vão ficando mais esclarecidos e abandonam os núcleos a que pertenciam? — perguntou alguém. — A coletividade deixa de existir?

— Não. Os que evoluírem, como foi o caso de Josué, sairão de onde estavam para habitar os planos condizentes com seus estágios evolutivos. Por outro lado, outros espíritos mais atrasados estarão também evoluindo se forem para onde Josué estava. Por isso nos foi ensinado: "A casa do Pai tem muitas moradas."

— E por que a ajuda que Josué recebeu veio pelo espírito de um religioso?

— Naquela época o acesso à cultura estava limitado à nobreza e ao clero. Além disso, a Igreja, reconhecendo o poder que a cultura significava, tinha interesse em manter o povo na ignorância. Só passou a buscar na plebe os mais bem-dotados para ordená-los padres a partir do momento em que a nobreza não podia destinar à vida religiosa tantas pessoas quanto a Igreja necessitava num momento de tão grande expansão. Josué tinha evoluído o suficiente para que precisasse ter acesso à cultura, mas poderia ter nascido nobre. A partir do momento em que encarnou como religioso, passou a integrar um núcleo espiritual muito sólido e a pautar sua vida por normas extremamente rígidas. Não conseguiria se libertar de hábitos tão arraigados com facilidade. É só lembrar que, ao que tudo indica, Ignácio também habitava um ambiente espiritual religioso, mesmo estando muito mais evoluído que Josué.

— Esses ambientes espirituais eram religiosos, de modo genérico, ou especificamente católicos?

— Dizer que seriam ambientes coerentes com a doutrina cristã, não necessariamente católica, seria dar um palpite. É melhor continuarmos ouvindo a história de Josué para sabermos com certeza.

"Nosso irmão Álvaro acertou. Estava muito claro que os princípios do Cristianismo haviam sido deturpados pelo clero, levado por interesses políticos, pela ganância, orgulho e amor ao poder. Usaram o nome daquele que se apresentou como O Cordeiro de Deus, que só nos ensinou o amor, para torturar, matar e roubar em nome da fé. Mais cedo ou mais tarde alguma coisa iria mudar e não me surpreendi com o aparecimento de grupos dissidentes.

Já estava habitando há algum tempo o ambiente para onde tinha sido levado por Francisco — esse era o nome do monge enviado por Ignácio. O lugar era muito semelhante ao mosteiro de onde eu tinha vindo, mas o ambiente espiritual era completamente diferente. Se antes todos se preocupavam em não modificar nada, aqui só se falava em mudanças, em transformar a Igreja naquilo que sempre deveria ter sido, uma formadora de homens de boa vontade, dedicados a pregar o amor a Deus e a boa vontade entre os homens. Os debates eram frequentes e apaixonados, mas as eventuais discordâncias eram menos importantes que a satisfação que cada um sentia em poder expressar livremente sua opinião. Fiquei contagiado pela ideia de pregar a verdadeira fé cristã sem ser ameaçado, ou levado a me tornar uma ameaça à vida e à liberdade de ninguém. A crença deveria ser uma opção para cada um, não uma obrigação. Só agora as palavras do padre Ignácio me faziam sorrir. Realmente não existia o inferno e, se o céu fosse uma realidade, eu estava muito longe de merecer conhecê-lo. Então, sem que me fosse possível compreender como e por que, soube que iria voltar a viver entre os homens.

Vejam como é difícil para o ser humano se libertar de um tabu. Embora a palavra de ordem fosse a modificação da Igreja, num movimento de protesto contra um desvirtuamento tão grande e nosso ideal fosse a busca da verdade, ninguém falava em reencarnação. Iríamos voltar à vida material, renascer, mas não discutíamos o assunto. Ninguém ousava perguntar, talvez porque, em nosso íntimo, soubéssemos que ninguém, em nosso grupo, saberia responder.

Nasci num país do novo mundo, o mais novo de cinco irmãos. Era uma época marcada por grandes transformações sociais. Vivíamos numa pequena cidade, nas montanhas, e só ouvíamos falar de mudanças como de alguma coisa que estivesse acontecendo muito longe e que nunca iria nos alcançar ou transformar nossas vidas.

Foi uma infância tranquila e que me deixou boas lembranças.

Minha mãe, uma pessoa muito amorosa, era a professora da pequena escola da região e não descuidava de nossa instrução, mas todos os momentos de folga eram aproveitados ao máximo em caçadas, passeios e pescarias. Além disso, havia em nossa casa um cuidado todo especial com a formação religiosa. Meu pai era pastor protestante e nos criou de forma austera, com princípios muito rígidos, mas honestos. Havia nele sinceridade e uma dedicação verdadeira a seus ideais. Tomei-o como modelo, sem perceber que novamente aceitava limitações ao meu pensamento, sob a ameaça assustadora do castigo destinado àqueles que se afastassem do caminho ensinado nas Escrituras, aos que seriam condenados às chamas eternas do inferno. Continuei assim, limitado, até ser alcançado pela febre de mudanças de que pensávamos estar a salvo.

Ficaram muito felizes, lá em casa, quando anunciei que também queria ser pastor e logo meu pai escrevia uma carta pedindo que fossem tomadas as providências para meu ingresso no Colégio Batista. Eu iria para a cidade grande. Meu entusiasmo só não era maior por causa de Suellen, uma colega de escola que me parecia a coisa mais linda que Deus havia posto na Terra! Só mesmo quando ficou decidido que eu ia me afastar por muito tempo é que nos demos conta do que sentíamos um pelo outro.

Na véspera da viagem eu fiquei imaginando o que diria a ela na hora da despedida e o que ela responderia, tudo muito parecido com os romances que minha mãe tanto gostava de ler. Nada daquilo aconteceu. A mãe de Suellen adoeceu e ela teve que ficar em casa, mas mandou um bilhete para mim, que dizia:

"Prezado Sr. Talvis:

Gostaria muito de ter podido me despedir pessoalmente, porém minha mãe não está passando bem e tive que ficar ao seu lado.

Perdoe-me o atrevimento de dizer isso, mas se escrever para mim, se também for essa a sua vontade, estarei pronta a esperar por seu regresso para decidirmos juntos o rumo que daremos às nossas vidas.

Afetuosamente,

Suellen."

Para mim, namoro e sexo eram coisas muito novas e principalmente complicadas, não só pela maneira como fui criado como também pela minha vida passada, em celibato. Como já disse, minha visão do amor era bem romântica, nos moldes dos livros que minha mãe lia. Então, é claro que escrevi e depois, quando voltei de férias, já estávamos namorando oficialmente. No começo planejávamos nos casar e eu ficaria em minha cidade natal, para substituir meu pai que já exercia suas funções com muito sacrifício, por causa do reumatismo. De qualquer modo ainda faltava muito tempo para que eu me ordenasse e o tempo foi passando.

Se a vida acadêmica e religiosa me entusiasmava, principalmente agora que não havia a exigência de celibato, o namoro com Suellen foi aos poucos esfriando. Passada a fase das primeiras descobertas, como o beijo e algumas carícias que apenas nós, em nossa inexperiência, consideramos ousadas, nosso namoro passou a significar para mim muito mais um elo com minha cidade e o modelo que meu pai representava que propriamente um laço afetivo. As novas ideias, porém, foram aos poucos fazendo com que eu contestasse meu antigo conceito de religiosidade. Além disso, as moças da cidade, com uma mentalidade muito diferente da que tínhamos, lá no interior, não deixavam a Suellen condições de resistir a uma comparação.

Eu agora estava completando meus estudos, tinha me transformado num homem bonito, com aparência de mais velho, principalmente por causa de uma mecha de cabelos grisalhos em meu topete. Era um detalhe que dava à minha figura um toque de distinção, de credibilidade. Minha voz se tornara potente e agradável e eu percebia que tinha uma enorme facilidade de falar em público.

Agora fazia parte de nossa formação preparar sermões para apresentá-los em aula e logo passei a me destacar entre os demais colegas. Embora nosso professor se esforçasse para não dar a perceber, orgulhava-se de mim e eu sabia disso.

Começavam os cultos para grandes multidões, agora que a radiodifusão ganhava impulso e os microfones passaram a estar presentes nas reuniões, o que insuflava minha vaidade. Quando meu professor, um grande orador e muito vaidoso, fez uma citação retirada de meu último sermão — 'A severidade do castigo que Deus inflige a cada um de nós poderá representar a única opção para a nossa redenção' — houve um murmúrio de aprovação e ele me apresentou ao público. Fez-me uma pergunta e me entregou o microfone. Foi o início de uma grande transformação em minha vida. Falei de improviso por um longo tempo e a plateia ficou encantada. Pensei em dizer que, se o castigo era severo, significava que não tínhamos aproveitado outros avisos, outros sinais de que estávamos cometendo um erro, porque o Pai quer o nosso progresso e não o nosso sofrimento. Era como se eu ouvisse em meu pensamento uma voz muito doce e que me intuía, mas achei que precisava dizer algo mais dramático. Eles gostavam de sentir medo. Fazia com que tivessem mais forças para resistir ao pecado e voltavam para casa mais tranquilos. Então, prossegui cultivando o medo e defendendo a tese de que o sofrimento deveria nos envergonhar, porque era o atestado maior de que Deus não estava satisfeito conosco.

Eu percebia instintivamente a importância dos pequenos detalhes que deveriam ser considerados quando falava em público, como uma pausa mais longa, o momento de falar mansamente e a hora de usar de energia. Aprendi que devia me afastar do microfone quando quisesse falar mais alto, para não prejudicar a qualidade do som, e que poderia aproveitar esses momentos para gesticular com mais ênfase.

Quando terminei os estudos e fui ordenado, já tinham decidido que eu não deveria voltar para a minha pequena cidade, perdida nas montanhas. 'Deus tem outros planos para você, meu rapaz!', tinham dito na reunião do Conselho. Foi o pretexto que aproveitei para romper definitivamente com Suellen, mandando-lhe uma carta delicada. Afinal, pregar na pequena igrejinha de meu pai não me atraía nem um pouco, se eu podia estar à frente de grandes multidões, escutando minha voz ecoar nas paredes de recintos majestosos.

Além de não me sentir mais preso a laços afetivos com minha cidade natal, o modelo que meu pai um dia representara para mim também agora estava superado. Depois, havia a irmã de Jonathan, meu colega. Chamava-se Mary, era bonita, sofisticada, atraente e sabia se manter no limite exato do comportamento liberal, sem chegar a ser considerada libertina. Isso muito mais por sua classe, discrição e elegância que propriamente por suas atitudes.

Conhecemo-nos quando estávamos organizando nossa festa de formatura, numa reunião de colegas em sua casa. Ela disse que tinha me visto falar na reunião em que meu professor me convidara ao microfone e observou que eu sabia como prender a atenção do público. Não comentou o conteúdo de minha fala. Só se referiu à oratória e eu experimentei uma sensação de incômodo, como se tivesse sido desmascarado.

O assédio começou imediatamente, de parte a parte, e logo estávamos namorando. Ela fez questão de manter nosso relacionamento em segredo, o que para mim foi uma surpresa. Afinal, eu era considerado um bom partido entre as famílias religiosas e sempre havia moças à minha volta. Eu procurava mantê-las a distância, porque a ideia de constituir família e cuidar de filhos não me atraía. Não cheguei a dizer isso a Mary, é claro, e fiquei chocado quando ela falou, com a máxima naturalidade, que gostava muito de liberdade para querer se transformar numa simples dona de casa. "Assim como você", completou sorrindo e deixando-me por um momento sem palavras.

— Mas a ideia de poder amar um homem sem estar cometendo pecado não justifica a perda de um pouquinho dessa liberdade? — consegui, finalmente, perguntar. Ela beijou-me, com um sorriso.

— O pecado está em engravidar fora do casamento, Josh. Nós dois sabemos disso, não é verdade?

Então se aproximou de mim, beijou-me novamente e sussurrou em meu ouvido: "O que é natural não é pecado."

Estávamos na casa de campo de um de nossos colegas, para a última reunião antes da formatura e o combinado era chegarmos depois do almoço, para não darmos trabalho a ninguém, porque o resto da família estava viajando. Mary e eu combinamos chegar ainda pela manhã para aproveitarmos a oportunidade de ficarmos sozinhos. Tínhamos levado um farnel e ela arranjou uma desculpa qualquer para ficar com o carro. Seu irmão viria com outra pessoa.

Tínhamos seguido de carro pela trilha estreita que se afastava da casa, longe o bastante para que o caseiro não viesse nos importunar, e abrimos a toalha sobre a relva. Começamos a nos acariciar, nossos beijos se tornaram mais ardentes e seu perfume me envolveu. Amamo-nos numa entrega total.

Depois, quando eu fiquei um bom tempo em silêncio, sentindo culpa pelo que tinha acabado de acontecer, ela me acalmou, quando chegou o momento de voltarmos. Tinha percebido minha insegurança e sorriu.

— Vamos voltar logo. Quando o pessoal chegar, você vai estar lendo a *Bíblia* na varanda. Enquanto isso eu estarei arrumando a mesa para o lanche que teremos à tarde.

Mary era a companheira perfeita para mim. Conhecia-me muito bem e minha vaidade não era segredo entre nós. Acho que ela percebeu muito antes de mim o rumo que deveríamos dar à nossa vida. Decididamente, ela se incluía nesses planos, o que me encantava.

Depois de algum tempo, quando eu já era o reverendo Joshua Talvis, resolvemos que seria melhor assumirmos o namoro, e ela começou a gerenciar minha carreira com muita eficiência. Minhas roupas eram da melhor qualidade, sempre que eu me apresentava em público, meus cabelos, que eu usava bem longos, eram cuidadosamente penteados e sempre que fazia frio eu usava um cachecol cinza que ocultava o colarinho duro e combinava com a mecha grisalha de minha cabeleira.

Foi obra sua a reportagem em que apareci como um exemplo de bom gosto, ainda que usasse roupas austeras. Era a primeira vez que aparecia num jornal que não fosse religioso.

Um dia ela chegou sorridente e disse que teríamos uma entrevista com a direção de uma radiodifusora para viabilizarmos um programa religioso diário, em que eu faria uma pregação de cinco minutos. Argumentei que teria que celebrar o culto matinal da igreja que me havia sido confiada e, para minha surpresa, ela disse já ter conversado com meu superior a esse respeito. Prevaleceu o argumento que, afinal, eu estaria levando a palavra de Deus a um número enorme de fiéis, todos os dias. Ficou acertado que outro pastor me substituiria naquele horário.

Meu nome passou a ficar mais conhecido e logo ela começou a defender a ideia de que a emissora de rádio organizasse um grande evento religioso no parque central da cidade. As despesas com infraestrutura seriam pagas pelos interessados em vender lanches e refrigerantes ao público, a emissora faria uma grande divulgação e a principal editora de *Bíblias* estaria presente com *stands* de venda. A essa editora caberia custear as despesas com vestuário, palanque e afins.

Mary foi mais longe: providenciou para que a festa fosse filmada e editada para exibição nos jornais da tela. O locutor faria referências a um sermão iluminado e diria que estava sendo feita uma coletânea de textos que seriam reunidos num livro, a ser lançado brevemente.

O resultado superou as mais otimistas previsões e me transformei numa celebridade.

Casamos pouco depois e, admito agora, embora encarássemos a religião como um grande negócio e tivéssemos atitudes falsas e estudadas, nosso afeto era verdadeiro. Éramos semelhantes em tudo, nosso egoísmo e vaidade faziam com que cada um de nós visse, espelhado no outro, o resultado de nossa inteligência e sagacidade. Vivíamos felizes.

Tivemos dois filhos, o que nos pareceu uma prole socialmente adequada, e eu me transformei num homem rico e famoso. Grande parte de meus lucros vinha de forma não oficial. Ofereciam-me boas quantias para que alguns produtos aparecessem nas fotografias que ilustravam as entrevistas que eu concedia com frequência a revistas e jornais. Mary recebia as doações e costumava dizer que o dinheiro seria usado nas obras de caridade do reverendo.

Depois de alguns anos consegui tirar alguns dias de férias e viajei à minha cidade natal para que meus filhos conhecessem os avós. Mary fez com que fôssemos acompanhados por um fotógrafo. A ideia era colher material para o novo livro que planejávamos editar.

Fomos recebidos como celebridades na minha pequena cidade e reencontrei Suellen, casada, gorda e grávida, levando outros filhos pela mão. Fui educadamente simpático com ela e não consegui evitar uma sensação de alívio ao ver de quem tinha me livrado.

Por outro lado, a emoção que senti em rever meus pais foi muito maior do que eu poderia imaginar. Minha mãe tinha lágrimas nos olhos quando me abraçou, mas eu percebi que meu pai olhava para mim como se pudesse ver meu íntimo. Tive a mais absoluta certeza de que não conseguia iludi-lo e sabia que ele desaprovava a vida que eu levava, embora se esforçasse para não demonstrar. O reumatismo o prendia em casa e a igreja tinha sido entregue a outro pastor, mas ele continuava sendo procurado sempre para aconselhar e confortar os fiéis com quem convivera por tanto tempo. No Natal ele fazia um grande sacrifício e o apanhavam em casa para que fosse à igreja. Costumava pregar nesse dia e o templo ficava sempre abarrotado, as portas abertas para que os que não tinham conseguido entrar também pudessem ouvi-lo.

Foram dias agradáveis, meu irmão me levou para pescar trutas nas águas límpidas dos riachos da serra, como fazíamos quando eu era adolescente.

O barulho das águas, o canto dos pássaros e o cheiro de mato traziam para mim as lembranças de uma época maravilhosa, pura e simples, como o ambiente que nos cercava naquela paisagem gloriosa. Deus está presente em tudo, mas às vezes a obra dos homens atrapalha a nossa percepção. Lá, na floresta, não havia nada a não ser a Sua obra.

Como eu tinha me afastado da simplicidade! Então compreendi que era isso que meu pai me dizia com seu olhar. Ele sabia que eu tinha a sensibilidade necessária para valorizar a dádiva de Deus e esperava que eu pudesse herdar aquele seu tesouro. Não era por orgulho que esperava que eu viesse a substituí-lo. Pensava unicamente na minha felicidade. Minha vontade era que o dia não acabasse e que ficássemos lá para sempre, em meio à harmonia. Até me esqueci de pescar, lá para o fim do dia, e fiquei sentado numa pedra, olhando o céu avermelhado se refletir nas águas do rio, até que meu irmão me chamou. Era hora de voltarmos.

Minha mãe, Mary e as crianças não estavam em casa, quando chegamos. Tinham ido à igreja para conhecerem "a verdadeira sede de nossa família", como minha mãe tinha dito. Meu irmão disse que iria limpar os peixes e depois passaria pela igreja com a charrete para apanhar a todos.

— Você vem comigo? — perguntou meu irmão. Meu pai respondeu antes de mim.

— O cavalo está como eu, velho e cansado. Vai ser muito peso para ele. Deixe o Josh aqui, me fazendo companhia.

Na mesma hora percebi que ele queria conversar comigo em particular, e a ideia me inquietou, mas não havia saída.

— Você está feliz, meu filho? — perguntou, assim que a porta se fechou. Não consegui encontrar as palavras para responder e ele sorriu.

— Desculpe. Não devia ter perguntado assim, à queima-roupa.

— É que eu estava buscando as palavras certas para responder — disse com um sorriso forçado.

Tinha medo que ele continuasse com sua lógica de sempre e insistisse, dizendo: "É simples. É só dizer: estou feliz ou não estou feliz." Mas ele apenas sorriu. Pensei que ele também tinha mudado. A vida ensina a gente a ser discreto. Depois de algum tempo em silêncio, olhando o fogo da lareira ele voltou a falar.

— Você é um homem de sucesso, meu filho. Tem como levar a palavra do Senhor a muita gente, mas não invejo a sua posição. As tentações devem ser muitas. Sei que você deve ter passado bons momentos na margem do rio, onde pescamos tantas vezes, e que deve ter sentido saudades. A gente sempre valoriza mais o que perdeu do que aquilo que já conquistou, mas servir a Deus é tentar fazer o melhor que esteja ao nosso alcance, na situação em que Ele, ou nós, nos colocamos. Então vou mudar a minha pergunta: você está satisfeito com o que está fazendo na posição em que se encontra?

Eu quis dizer que não, que meu orgulho estava satisfeito e minha vaidade aplacada, mas que minha consciência me incomodava com mais frequência do que eu gostaria. Também agora procurava as palavras e mais uma vez ele compreendeu.

— Não é para me responder, filho. Agora que buscou as palavras e não encontrou, ficou claro que não é uma resposta simples. É você que deve se orientar com a ajuda de Deus. Só posso ajudar fazendo perguntas. As respostas ficam por sua conta.

Paramos de conversar quando ouvimos o barulho da charrete do lado de fora.

— Peguei a turma no meio do caminho de volta. Pelo jeito eles gostam de andar — dizia meu irmão enquanto fechava a porta e esfregava as mãos. — Já esfriou bastante. Se vocês pudessem ficar mais uns dias iam pegar neve, com certeza.

Retornamos uma semana mais tarde, para alívio de Mary, mas a partir desse dia nunca mais fui o mesmo homem. Meu pai tinha me induzido à autocrítica num momento em que eu tentava me manter surdo à voz da consciência e, desde então, não se passava um só dia sem que eu me questionasse. Já não escrevia com a mesma rapidez, fosse preparando meus sermões ou redigindo textos para revistas ou livros. Trabalhava com mais seriedade, meditava e revia tudo um sem-número de vezes. Embora Mary me pressionasse para que eu produzisse com mais rapidez, eu continuava a trabalhar com mais cuidado e comecei até a ficar satisfeito com o que fazia.

Tempos depois minha mãe telefonou, dizendo que meu pai estava muito doente e que iria se internar. Prometi visitá-lo, mas uma série de compromissos fez com que a viagem ficasse sempre para o dia seguinte. Ainda assim eu telefonava sempre, mas as notícias não eram inquietantes. Diziam sempre que ele ainda não tinha podido ter alta, mas que ia andando, com a graça de Deus. Quando finalmente consegui tirar uns dias ele estava quase morrendo, mas continuava totalmente lúcido. Não teve forças para levantar a cabeça do travesseiro quando entrei, mas sorriu para mim. Senti uma tristeza muito grande ao vê-lo tão abatido.

— Viu, pai? Demorei, mas cheguei. Agora eu só vou embora quando o senhor puder ir para casa.

Ele fechou os olhos por um instante e depois sussurrou:

— Você ainda era pequeno quando eu te ensinei que mentir é pecado. Não vá esquecer agora. Se puder ficar para o enterro eu já me dou por satisfeito. Se puder ficar ainda um pouquinho mais para confortar sua mãe será perfeito.

Estava sereno e em paz com sua consciência. Continuava sendo a pessoa forte e bem estruturada com quem eu tinha convivido durante toda a minha infância e que poderia ter me ajudado a ser uma pessoa bem melhor se continuasse a meu lado quando eu decidi viver na cidade. Só agora eu percebia o imenso vazio que ele deixaria quando se fosse. Não consegui me conter mais e chorei sem controle, segurando apertadas as suas mãos, como se pudesse prendê-lo à vida.

— Calma, meu filho! — disse num fio de voz. — Onde está a sua fé? Se isso pode ser de algum consolo para você, eu estou tranquilo e em paz comigo mesmo. Deus e eu sabemos que não fiz tudo o que devia, mas me esforcei para dar conta do recado. Ele não há de ser muito severo comigo. Desejo de coração que, quando chegar a sua hora, você também esteja assim, em paz. E como não tenho muito tempo, quero dizer logo a você: "Que Deus te abençoe, meu filho. Pense em mim sempre que puder, mas sem tristeza. Afinal nós vamos nos encontrar um dia."

No fim da tarde ele entrou em coma e morreu serenamente na manhã seguinte. Minha mãe contou que ele sabia muito bem que ia morrer, mas não quis que me incomodassem. Sua maior preocupação era consolá-la e só no final permitiu que me chamassem, assim mesmo, só para que eu não ficasse aborrecido com ela.

Viajei de volta uma semana depois, quando minha mãe me assegurou que estava bem.

Daí em diante passei a visitá-la pelo menos uma vez por ano, até o dia em que ela morreu. Hoje sei que não foi uma coincidência ela ter morrido quando eu estava lá.

Minha mãe sofria do coração, mas tinha uma vida normal, sem fazer excessos, mas sua saúde era instável. O médico tinha dito que ela poderia morrer de uma hora para outra.

Quando meu irmão e eu voltávamos de uma pescaria, já à tardinha, ela estava cochilando na cadeira de balanço. Acordou sorrindo para nós.

— Aposto que vocês estavam pescando na pedra grande, na curva do rio.

Andrew olhou para mim surpreso. Afinal, aquele não era o único lugar em que pescávamos, porque era difícil o acesso para chegar à pedra.

— Sonhei que estava abraçada com seu pai, no alto da barranca, olhando para vocês. Ele sorriu e disse: "Acho que nós encaminhamos bem os nossos filhos."

Ela morreu dormindo, naquela noite, sabendo que tinha cumprido o seu papel de mãe e esposa.

Não foi possível mudar o rumo de minha vida até chegar a uma idade bem avançada. Estava preso a uma série de compromissos na igreja, com editores e emissoras de rádio, e trabalhava sem parar. Quanto a meu pai, lembrava-me dele todos os dias. Sua presença tinha uma intensidade tão forte que só me faltava poder vê-lo e adquiri o hábito de me imaginar conversando com ele sobre aquilo que escrevia. Na época eu imaginava que nossa convivência tinha sido tão intensa, que sua personalidade forte havia me marcado tanto, que eu podia, com segurança, saber o que ele diria se estivéssemos realmente conversando. Hoje sei que ele foi meu conselheiro e um colaborador tão dedicado quanto tinha sido bom pai. Compreendia a importância que meu trabalho poderia ter para a humanidade e ajudou-me a conseguir o melhor resultado possível.

Mary, como é natural, não tinha mais o mesmo dinamismo de nossa juventude. Eu também não era mais nenhuma figura teatral e minha voz agora vacilava. Ainda assim o que eu escrevia continuava a interessar aos editores. Então continuei trabalhando, mesmo sem precisar do dinheiro que conseguiria com isso. Continuava a produzir apenas porque considerava meu trabalho importante e agradecia a Deus, todos os dias, pela graça de chegar ao fim da vida sabendo que continuava sendo uma pessoa útil.

Lembro que fiquei surpreso e feliz quando Mary concordou com a ideia de voltarmos a morar em minha cidade natal. Ri muito com sua resposta.

"A cidade está ficando cada vez mais barulhenta com todos esses carros. Um pouco de sossego até que não viria mal a essa altura da vida."

Fiquei lá até a minha morte e espero que enquanto minha mulher estiver viva, continuará lá, na mesma casa em que passei minha infância. Ela também mudou muito. Passou a ler meus livros depois que meu pai começou a me intuir. Disse que estava impressionada com os textos e isso fez com que passasse a me olhar com mais respeito. Lembro que uma vez me abraçou e disse estar aprendendo muito comigo. Aos poucos fomos deixando de lado as futilidades e passamos a discutir e estudar a filosofia das religiões, não por obrigação, como num culto, mas porque ela começou a se interessar pelo assunto. Passou a colaborar comigo, lendo e criticando tudo o que eu escrevia."

— Agora estou aqui, com vocês, me dando conta de que todos os que contaram suas histórias deixaram bem claro que modificaram muito suas atitudes antes de entrarem nessa Casa e estão determinados a iniciar uma transformação ainda maior. Para ser franco, não acredito que se trate de uma simples coincidência e até me pergunto se não terá sido exatamente por apresentarmos todos a mesma característica que fomos admitidos na Casa da Esperança.

"Quando nosso irmão Álvaro comentou a vida de Olavo e mostrou como ele e Anael eram semelhantes, eu me perguntei: 'E nós todos, aqui, também não somos?' Se eles se assemelhavam em suas imperfeições nós também demos provas suficientes de termos nos entregado ao mesmo egoísmo, vaidade e amor ao poder. Agora temos um bom motivo para estarmos felizes, sabem por quê? Porque aos poucos, estamos adquirindo semelhanças positivas, estamos superando os mesmos defeitos e buscando o mesmo ideal. Não é verdade que querermos adotar a mesma filosofia de amor, progresso e união?

"Estou convencido de que é esse o caminho que Olavo irá seguir para se aproximar de Anael. Espero mesmo que Anael também venha se juntar a nós um dia. Aliás, ele irá mesmo fazer isso. É uma questão de tempo, porque é o caminho natural da evolução. Só espero que esse tempo chegue antes do que esperamos e que os dois consigam anular as energias negativas agregadas aos seus perispíritos, ajudando um ao outro, ou seja, aprendendo sem sofrer muito.

"A decisão de Sérgio em continuar, na matéria, o trabalho que é feito aqui, é o caminho natural, tanto que Olavo, antes de conhecer os planos de Sérgio, já pretendia procurar um lugar com as mesmas características. E o que isso demonstra? Que criar um lugar como este vai ao encontro dos anseios de muitos, das necessidades de muitos. Vocês repararam que alguém perguntou se apenas Olavo poderia se juntar a Sérgio nesse trabalho, deixando bem claro, pelo menos no meu ponto de vista, que também estaria interessado em fazer a mesma coisa?

"Quero confessar a vocês que eu também me sentiria muito feliz em participar de um trabalho como esse, e peço ao meu irmão Álvaro duas coisas. A primeira, que me perdoe por eu ter me inflamado tanto. Talvez seja o hábito de fazer sermões. A segunda é permitir que eu peça aos companheiros que gostariam de participar de um projeto assim, na matéria, que levantem a mão."

Ninguém esperou a autorização. Todos levantaram a mão e Álvaro sorriu.

— Como eu poderia deixar de apoiar uma ideia como essa? É claro que a direção dessa casa também está de acordo com vocês. Pensamos como Josué, que esse é o caminho natural, mas achamos muito importante esperar que a ideia parta de vocês, não isoladamente, como foi o caso de Sérgio, mas como uma decisão coletiva.

"Para dizer a verdade, tudo aconteceu aqui conforme prevíamos. É comum que um espírito que já esteja pronto para reencarnar se proponha a dar prosseguimento ao nosso trabalho, divulgando no mundo físico os princípios que adotamos aqui, assim como aconteceu com Sérgio. Quando o assunto surge em nossas reuniões, geralmente aparece alguém com certa liderança e convence a todos de também participarem da empreitada.

"Em algumas ocasiões a ideia surge antes do momento da reencarnação do espírito que se propõe a ir como 'ponta de lança'. Quando isso acontece, nós temos que intervir, porque aquele que está de partida não imagina a dimensão do trabalho a que se está propondo e não queremos sobrecarregá-lo com o peso de uma responsabilidade tão grande. Com vocês é diferente, terão muito tempo para se prepararem, isto é, se realmente continuarem querendo participar dessa verdadeira missão.

"Quero que saibam que já são muitos os grupos que estão na matéria dando continuidade a esse nosso trabalho. Como eu disse antes, alguns poderão participar dentro de pouco tempo, a maioria terá que se preparar melhor, mas todos terão o direito de participar. Josué teve razão e observou muito bem. Não foi por acaso que vocês ingressaram na Casa da Esperança. Foram escolhidos por terem sido considerados pessoas determinadas, sinceras e de boa vontade. Mas devem ter paciência. Ainda há muitas histórias para serem ouvidas e muito que aprender se pretendem estar bem preparados para assumirem a responsabilidade a que estão se propondo. Daqui a um tempo, quando estiverem mais preparados, coordenarão reuniões em lugares onde os ensinamentos que vocês poderão levar representarão muita ajuda para os espíritos que ainda caminham um pouquinho atrás. Alguns de vocês já passaram por essas mesmas organizações para serem ajudados. Será a maneira de retribuir à Espiritualidade Superior todo o aprendizado que receberam, estando, ao mesmo tempo, adquirindo a prática necessária.

"Além disso, de agora em diante, dedicaremos parte de nosso tempo ao serviço de apoio à instituição. Além das reuniões, também ajudarão em tarefas como alimentação, vestuário, atendimento aos recém-chegados, limpeza e tudo mais que seja necessário. É muito importante estarem a par daquilo que podemos chamar de *fisiologia da espiritualidade* para que possam ensinar, na matéria, que não existem dois mundos, apenas dois planos de existência com densidades diferentes, que percorremos repetidamente, de modo cíclico. E, como esses dois planos são nossa morada, sofrem nossa constante influência, ou seja, são muito semelhantes. Vocês vão ver.

"Em nossa próxima reunião começaremos esse estudo. Será o início de nossa preparação para a empreitada a que pretendemos nos dedicar, mas agora é hora de nossa prece. Temos muito a agradecer."

5º capítulo

As Esferas Flutuantes

O estado de espírito de todos era diferente no início da reunião. Sentia-se, na expressão de cada um, a alegria, a esperança e o orgulho de participarem de uma missão tão maravilhosa.

Ao concluir a prece de abertura, Álvaro correu os olhos pela assistência e sorriu.

"Agora não se trata mais de um orientador, afastado dos outros participantes da reunião como ocorre numa sala de aula", pensou. "Somos companheiros de ideal, profundamente comprometidos com nossa empreitada que eu apenas coordeno. Graças a Deus!"

A prece inicial foi curta daquela vez:

"Pai, aqui estamos, humildemente, colocando-nos à disposição dos nossos irmãos maiores para colaborar nos trabalhos que nos foram confiados.

Seja a nossa sinceridade, o nosso grau de comprometimento e nossa persistência, daqui para frente, a expressão da nossa prece diária. Que nossos mentores encontrem em cada um de nós um colaborador sincero e dedicado."

— Nesse primeiro encontro depois de termos decidido implantar mais uma Casa da Esperança no plano material, vamos falar sobre o ser humano e sua relação com o

Universo, de sua participação ativa e constante nas mutações incessantes que nele ocorrem e da responsabilidade maior de cada um a partir do momento dessa revelação.

"Até onde podemos compreender, nada é estático e tudo é cíclico no Universo infinito. Tudo evolui, a Criação não cessa nunca e nada se perde.

"Mas como interagimos com esse mar infinito de Energia, como participamos da Criação?

"Por meio de nossos sentimentos, nossos afetos, nosso pensamento.

"O amor incondicional é o afeto mais precioso que existe, e colocar esse afeto em prática significa servir ao nosso próximo, com generosidade, cuidando apenas de estar colaborando para o seu crescimento, para consolá-lo nos momentos difíceis, para dar-lhe forças. Vou tentar explicar, da maneira mais simples e genérica possível, como funciona essa mecânica de dar e receber. Para isso vamos contar com o auxílio de nossos irmãos maiores, que irão criar uma série de imagens que facilitarão nossa compreensão. Vamos, então, nos concentrar para colaborar na criação dessas imagens."

Aos poucos foi surgindo a mesma névoa que aparecia sempre ao final de cada prece.

A princípio parecia que as paredes do salão haviam se desfeito e que o infinito os envolvia. Depois foram surgindo, muito ao longe, o que pareciam ser minúsculos pontos de luz que, pouco a pouco, se aproximavam.

Agora já se percebia que cada um dos pontos luminosos era envolvido por uma espécie de bruma leitosa, cada uma delas com graus de opacidade e de cores diferentes.

As esferas mais luminosas e de cores mais claras flutuavam mais acima, as mais elevadas quase que totalmente transparentes.

Quando elas se aproximaram mais e começaram a envolver o grupo, ficou visível uma névoa mais sutil que envolvia cada grupo de esferas com as mesmas características.

As imagens foram ficando mais nítidas e agora podia se perceber que as esferas pareciam emitir descargas elétricas, algumas delas se dissolvendo no espaço, outras parecendo ser dirigidas especificamente numa determinada direção e sendo absorvidas por outra esfera. Acontecia também o que parecia ser uma produção conjunta de várias esferas de um mesmo grupo, quando as luminosidades geradas por cada uma delas se uniam e davam origem a uma luz mais intensa, que então percorria o espaço até se ligar a outra esfera ou, em algumas vezes, a outro grupo de esferas. Algumas vezes aquela energia era absorvida, outras vezes retornava à sua origem.

Álvaro voltou a falar:

— Vocês podem achar que estamos vendo a representação de uma galáxia, mas não é o caso. Cada uma dessas esferas representa uma criatura, o que inclui cada um de nós.

"Vocês puderam perceber que, no centro, há o ponto luminoso. Esse ponto é a chama, o princípio inteligente, melhor dizendo: nosso espírito. Todas essas esferas estão flutuando num oceano infinito da energia que nos alimenta e que é, também, a matéria-prima para que nosso espírito crie suas obras, transformando-a pela força do pensamento. A massa gasosa e colorida das esferas que vemos são as atmosferas de energia que envolvem cada espírito, melhor dizendo, são o acúmulo dos resíduos remanescentes da energia que transformamos ao longo de nossas existências e que, consequentemente, refletem com perfeição as características de nossos espíritos. Trata-se de nossos perispíritos, daquilo que vemos aqui, quando olhamos um para o outro, uma vez que o espírito não é visível, pois é a chama divina e não tem forma.

"Energias semelhantes se atraem, o que significa dizer que perispíritos com características semelhantes estejam ao alcance uns dos outros, próximos e capazes de se associarem na criação de seus projetos. Quando isso ocorre, cada um dos indivíduos participa com a parte de energia transformada por ele. Com isso, não apenas realizam seus propósitos como também criam laços entre os participantes dessas associações. Vocês viram a representação da emissão dessas energias, fluindo e interligando as criaturas. É assim que surgem comunidades, organizações como a nossa e outras mais, com bons ou maus propósitos, segundo o grau evolutivo dos componentes desses grupos. É como são formados os mundos e tudo o que conhecemos. Concluindo, o Universo é o resultado da atuação dos agentes transformadores da energia, energia essa que, de acordo com os resíduos deixados, representa o perispírito grupal das incontáveis criaturas de Deus.

"Toda a ação provoca uma reação de igual intensidade e sentido oposto. Se empurrarmos com força uma haste de madeira para envergá-la, veremos que ela pressiona nosso braço, no sentido oposto. É um princípio físico universal, válido também para entendermos a maneira como nos relacionamos com essa energia.

"Quando colhemos ou absorvemos as energias que iremos transformar, criamos como que um vácuo nesse mar de energia que nos envolve o qual será preenchido pela energia que iremos emanar, quando concluirmos as transformações que tenhamos feito — assim como o ato de respirar. Em consequência, ao emanarmos essa energia, criamos o vácuo interno em nosso perispírito quando, novamente, absorvermos energia, embora uma parte dela, depois de transformada, permaneça junto a nós, junto ao nosso perispírito, incorporando-se a ele.

"Quando emanamos energias destinadas a servir nossos semelhantes, criamos laços com aqueles que irão absorvê-las e, ao emanarem o que podemos chamar de *resposta*, irão devolvê-las a nós, e irão se unir àquelas que absorveremos para preencher o vácuo interno que nossa ação criou, reforçando também os laços responsáveis pela sensação de amor, de consolo e bem-estar que tenhamos propiciado. Por outro lado, quando emanamos vibrações de ódio, de inveja ou qualquer outro sentimento negativo, serão energias semelhantes que preencherão o vácuo em nosso perispírito. É o mecanismo que nos permite compreender o ensinamento: *A semeadura é livre, a colheita é obrigatória.*

"E quando nosso sentimento é puramente egoísta, quando pedimos ao oceano de energia que nos conceda aquilo que queremos apenas para nós mesmos? O que irá preencher o vácuo interno que criamos? Exatamente aquilo que emanamos. Apenas a própria insatisfação, a nossa carência e o nosso sofrimento.

"Uma pessoa não é carente por *não ter* e sim por *sentir-se carente*, por falta de fé, ou de confiança, se preferirem, sentindo-se necessitado de tudo e sem ter nada para dar. Por outro lado, aquele que é feliz por entender que tem aquilo de que necessita, por ter fé, pode prestar atenção ao seu semelhante e ser generoso, *sente-se abastado, rico*. E é claro que aquele que tudo tem, pode dar, criando, assim, as condições para receber.

"Mais um ensinamento explicado: *É dando que se recebe.*

"É indiscutível que a insatisfação seja um motivador de progresso, de crescimento, por nos levar a promover esforços no sentido de alcançar aquilo que almejamos, superando os obstáculos que possamos encontrar, mas não podemos esperar que aquilo que desejamos ou que nos faz falta venha a nós sem que nos esforcemos para isso, porque o aprendizado ganho pela superação desses obstáculos é a razão de ser desses mesmos obstáculos.

"Aos esforços que façamos para superar as *pedras do nosso caminho*, irão se somar as respostas de nossas ações de amparo ao próximo, auxiliando-nos a superar nossas provas. Da mesma forma, irão se somar às nossas pedras as que tenhamos lançado no caminho daqueles a quem tenhamos nos permitido odiar.

"A sensação de pobreza é própria daquele que pouco faz para progredir, por achar que tudo e todos estão em débito com ele. Espera ser servido, mas não se propõe a servir e nada faz por seu semelhante. É a esses irmãos que se destina o ensinamento: *àquele que mais tem, mais lhe será dado; àquele que menos tem, mesmo o pouco que tem, lhe será tirado.*

"Precisamos compreender que estamos sujeitos aos efeitos das vibrações que emanamos incessantemente e daquelas que recebemos de outros, *desde que sejam compatíveis com as nossas*. Em última análise, o ódio ou o amor, a antipatia ou a simpatia e qualquer outra vibração que nos alcance, são respostas àquelas que emanamos. São as respostas às *correspondências, as mensagens* que trocamos com as outras criaturas, que propiciaram o contato com as vibrações que nos atingem. Então, podemos concluir que ninguém nos deve nada e que, cada um de nós, deve apenas a si mesmo e ao oceano de energia que tudo cria. As outras criaturas são apenas instrumentos, engrenagens desse mecanismo que incessantemente nos alimenta de energia.

"Essa, meus irmãos, é a mecânica de dar e receber. Ela nos mostra que a felicidade completa só está ao alcance dos generosos, daqueles que se dedicam a pôr em prática o amor, que se dedicam a servir."

6º capítulo

Reencontros

O trânsito estava péssimo àquela hora. Quando o táxi parou em frente ao Lar da Esperança, a moça pagou a corrida e saltou apressada. Estava atrasada. Foi só o tempo de tirar da bolsa sua bengala desmontável e encontrou com facilidade a porta principal. Como o motorista disse, tinha parado bem à frente da porta e ela só teve que atravessar a calçada. Uma senhora muito atenciosa foi ajudá-la a subir os poucos degraus e a conduziu à sala de reuniões.

— Já vão começar a prece — disse num sussurro.

A moça experimentava uma indescritível sensação de bem-estar que não conseguia explicar. Procurou descrever o que sentia e disse para si mesma: "É como voltar para casa depois de um dia de trabalho." Não sabia dizer por que, mas sentia que pertencia àquele lugar e que não se afastaria mais dali. Embora não pudesse ver, tinha certeza de que seria um ambiente muito simples, embora limpo e bem cuidado. Como destaque, haveria um estrado baixo onde ficaria a mesa, com o palestrante e alguns médiuns. Apenas isso.

Como haviam dito a ela, tratava-se de uma reunião semanal de doutrinação, em que eram explicados os princípios filosóficos daquela Casa.

Quando iniciaram a prece, reconheceu imediatamente a voz, embora não soubesse dizer a quem pertencia. Quis imaginar como seria a pessoa que falava e a imagem que lhe ocorreu foi a de um homem alto e elegante, que estaria de pé e se movendo com desenvoltura, gesticulando de forma teatral, mas nisso estaria errada.

O orador estava sentado e era uma pessoa feia. Parecia que um esqueleto muito grande havia sido colocado num corpo pequeno demais e que os ossos forçavam a pele a ponto de parecer que poderiam rompê-la. Seus olhos, muito grandes, ficavam um pouco disfarçados pelas grossas lentes dos óculos, mas ele os retirava quando se concentrava para falar. Apesar de tudo tinha uma expressão inteligente, com a testa alta e o olhar demonstrando uma atenção constante.

Quando ele falou em servir, antes de pedir, ela chegou a sorrir. Tinha certeza de que, agora, aconselharia a que se procurasse com esforço próprio a superação dos obstáculos que a vida nos impusesse, sempre com persistência e determinação, mas sempre sem revolta. Estava emocionada e muito feliz pelo que ela já classificava como um reencontro. Agora ele dizia:

— Servir a Deus é buscar a felicidade. Ele quer que nosso corpo seja o melhor instrumento possível para nosso espírito. Então experimentamos uma sensação agradável quando nos alimentamos, ou quando matamos nossa sede. A relação sexual é prazerosa porque Ele quer que nos multipliquemos e dormir, quando estamos cansados, também é, ao mesmo tempo, necessário e agradável.

Seremos felizes tentando descobrir o que Ele espera de nós, e procurando seguir esse caminho.

"Devo alertá-los, porque existem as alegrias enganosas, oferecidas pelo egoísmo e sedução pelo poder, que representam uma sede impossível de ser aplacada e que nos leva infalivelmente à solidão. Não se enganem. O ser humano é incapaz de ter prazer apenas com suas lembranças. Ao fim da vida, a impossibilidade física de continuar desfrutando de tudo que o dinheiro pôde um dia comprar deixará apenas um enorme vazio. Por outro lado, a certeza de termos sempre representado amparo, consolo e amizade para o próximo, fará com que estejamos cercados de amigos verdadeiros, aqui e na espiritualidade, e teremos conquistado o direito de viver em paz por sabermos que cumprimos com nosso dever como criaturas de Deus."

Com as pálpebras fechadas ela respirava suavemente, como se pudesse absorver aquela atmosfera de paz. As lágrimas corriam pelo seu rosto, mas ela tinha um sorriso nos lábios. Deixou-se envolver pela prece de encerramento e sentia-se como que envolvida por uma luminosidade azul. Não saberia dizer por quanto tempo ficou assim, naquela espécie de transe e foi surpreendida pela voz amável da senhora que a tinha recebido.

— Ele vai recebê-la agora. Vamos?

O orador viu quando ela se aproximava e percebeu, surpreendido, a bengala que ela usava. Não sabia que era cega. Caminhava com elegância e firmeza, apesar de suas limitações. Era uma mulher jovem e muito bonita. "Tem feições aristocráticas", pensou.

— Boa noite — disse ela quando se sentou. — Meu nome é Júlia, vim falar com o senhor José, mas queria pedir um favor antes de conversarmos, que telefonem pedindo um táxi para daqui a... meia hora.

— José sou eu — disse ele. — Quanto ao táxi, não será necessário. Ficarei feliz em poder levá-la. É um prazer conhecê-la.

— Como temos a mesma crença, posso dizer isso sem constrangimentos. Prazer em reencontrá-lo. Tenho certeza que também será um reencontro com muitas das pessoas que frequentam essa casa.

— Para dizer a verdade, também acho. E então, gostou de nossa casa?

— Muito. Tenho que agradecer ao André e à Marina esse presente que eles me deram.

— São grandes amigos e têm a responsabilidade de coordenar os trabalhos de desobsessão. Infelizmente não é sempre que podem participar dessa nossa reunião noturna, por causa do restaurante.

— Algumas vezes também não poderei participar, nos dias de recitais, mas sempre que possível estarei colaborando. Fiquei encantada com a iniciativa de vocês de cultivarem a arte lado a lado com a prática da espiritualidade. André também me falou que vocês têm professores ótimos de desenho e pintura. Isso é maravilhoso! Vai ser muito bom dar aulas aqui.

— Há muita espiritualidade na arte. É mais que uma vocação. É uma dádiva de Deus. E você, sempre quis ser violinista?

— Para dizer a verdade, não. Seria pintora, se não tivesse ficado cega num acidente. De certo modo eu pinto por meio da música, evocando formas e cores enquanto toco. Também poderia ter acompanhado sua palestra com um fundo musical. É assim que eu sou: o que me emociona e que não consigo colocar em palavras, digo com minha música. E tenho quase certeza de que poderia fazer a mesma coisa com a pintura, se pudesse ver — disse, sorrindo.

Álvaro estava presente, com vários outros espíritos.

— Nós sabemos que é verdade, não é mesmo?

— Sem a menor dúvida, meu amigo! Será que ela vai reconhecer Pedro e seu antigo professor Augusto?

— É possível. Certamente não se lembrarão das vidas passadas, mas terão muito prazer na companhia uns dos outros.

— E Osvaldo? — perguntou um deles.

— Está se preparando. A que tudo indica e pelos vínculos que criou no passado, correrá o risco de se tornar alcoólatra ainda adolescente, mas, com pais como esses, terá toda a ajuda necessária para vencer.

— Claro. Afinal, a vitória é mais que uma esperança, é uma certeza para todos nós.

— É verdade — disse Álvaro. — Mas agora é hora de voltarmos.

Olhavam para trás, com carinho, enquanto se afastavam. Como sempre, uma luz azul muito suave envolvia o templo humilde.

Fim

Este livro foi produzido nas
oficinas da Imos Gráfica e Editora na
cidade do Rio de Janeiro